색소폰 축가곡집

결혼하는 날

by 이은용, 황지현

score♪

머리말

2015년 출간 된 초·중급자를 위한 애드립 연주와 테크닉 완성본 『이은용의 색소폰 명곡집』에 이어 『색소폰 축가곡집』이 출간 되었습니다.

『색소폰 축가곡집』은 모두에게 가장 소중한 날이라면 빼놓을 수 없는 음악을 선물하기 위하여 만들어졌습니다. 축가하면 가장 먼저 떠오르는 결혼식뿐 아니라, 두 사람의 사랑을 약속하는 로맨틱한 프로포즈, 더없이 소중한 부모님의 생신과 자녀들의 축복을 기원하는 자리 등 축하 연주로 인기있는 곡으로 엄선하여 선정 하였습니다. 『색소폰 축가곡집』은 색소폰 혼자만의 연주가 아니라 피아노듀엣 혹은 트리오로 연주 할 수 있으며 소중한 분들의 행복을 빌어 주고자 하는 마음을 색소폰의 매력적인 음색으로 연주를 할 수 있도록 편곡하여 책에 담았습니다.

알토 색소폰(또는 테너, 소프라노)과 피아노의 듀엣으로 편곡 되었고 일부 곡은 알토 색소폰과 테너(또는 소프라노)의 색소폰 듀엣과 피아노 반주로 편곡 되었으며 CD로 제공 되는 MR(반주)은 연습뿐 아니라 실제 연주에도 사용 될 수 있도록 마련 되었습니다.

『색소폰 축가곡집』으로 사랑하는 사람들에게 진심 어린 축복의 마음을 표현해 보시기 바랍니다.

감사합니다

목차

다행이다

이적 작사 · 작곡
Sax arr. 이은용

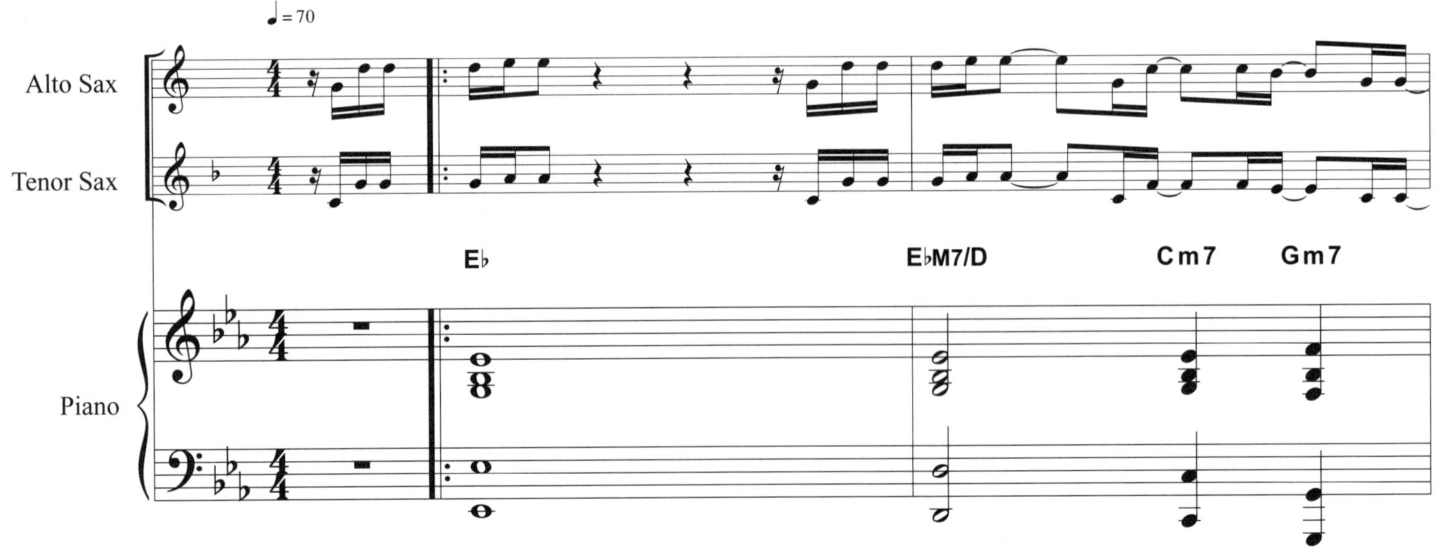

B♭7sus4
B♭7/D
E♭sus4
E♭

A♭(add2)
B♭7/A♭
Gm7

Cm7
D♭(add2)
A♭(add2)
B♭7sus4

NO COPY
3/4
다행이다

16
E♭sus4
E♭
B♭/D
Cm7

19
Am7(♭5)
A♭(add2)
E♭/G

22
Cm7
Am7(♭5)
A♭(add2)

Eb/G   G/B   Cm7   Gm7   Ab(add2)   Eb

Db(add2)   Bbsus4   Bb   Eb

EbM7/D   Cm7   Gm7   Ab(add2)

사랑합니다

김태운 작사 · SKY 작곡
Sax arr. 이은용

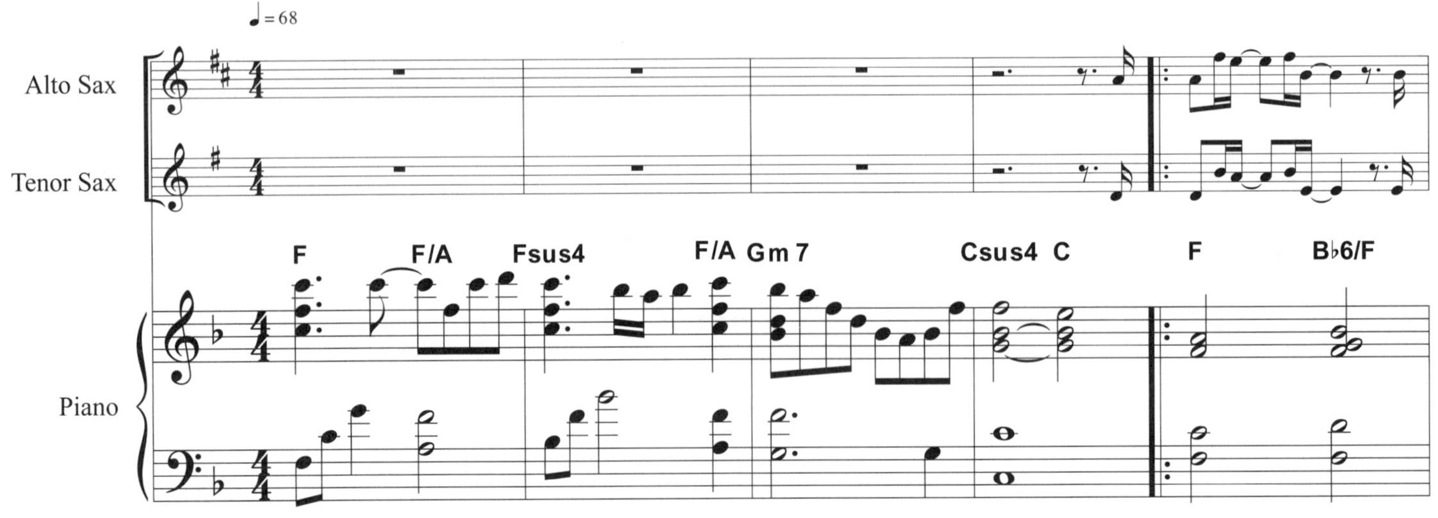

C
Dm 7
B♭
F/A
Gm 7
C7

F
F/A
B♭
B♭/A
Gm 7
B♭/C

F 9
B♭/C
F
F/A
B♭
B♭/A

NO COPY
3/4
사랑합니다

19
1.
2.
Gm 7   C 7   F   B♭/C   C   B♭   C

22
Am 7   Dm 7   Gm 7   Am 7   B♭9   B♭/C

25
C   C 7   F   B♭   B♭/A

4/4
사랑합니다
NO COPY

Gm 7   C   F9   B♭/C   F   F/A

B♭   B♭/A   Gm 7   C 7   Dm9

G7sus4   Csus4   F

너를 사랑해

한동준 작사 · 작곡
Sax arr. 이은용

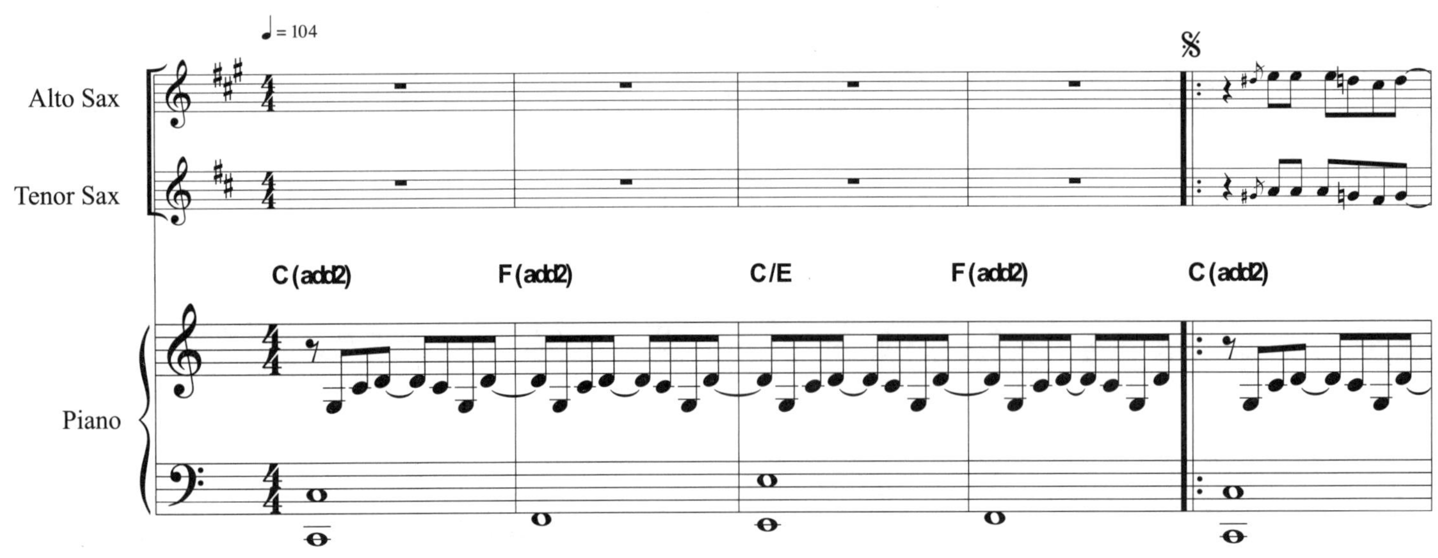

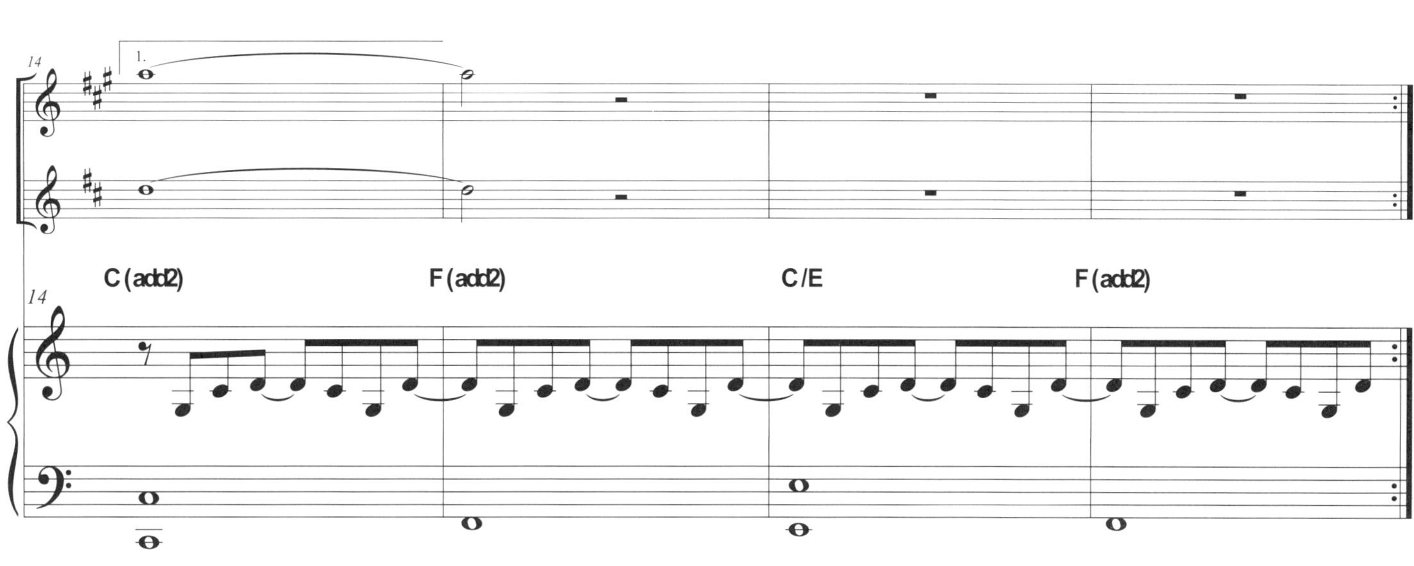

13

NO COPY
3/5
너를 사랑해

Am7
Dm
G
C7

F
G
Em
3

Am7
Dm
G
C
/B

34
Am   Dm7   G   C(add2)   F(add2)

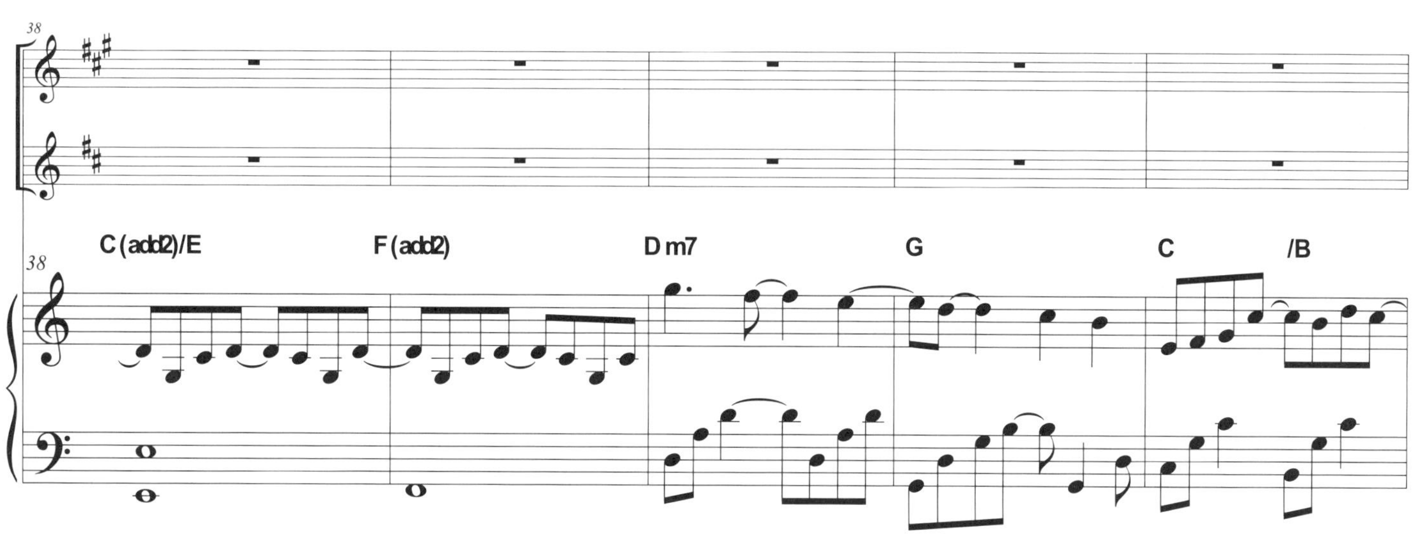
38
C(add2)/E   F(add2)   Dm7   G   C   /B

43
Am7   Dm7   G7   C(add2)   F(add2)   C(add2)

NO COPY

48
F (add2)
Dm7
G
C (add2)
F (add2)
D.S. al Coda

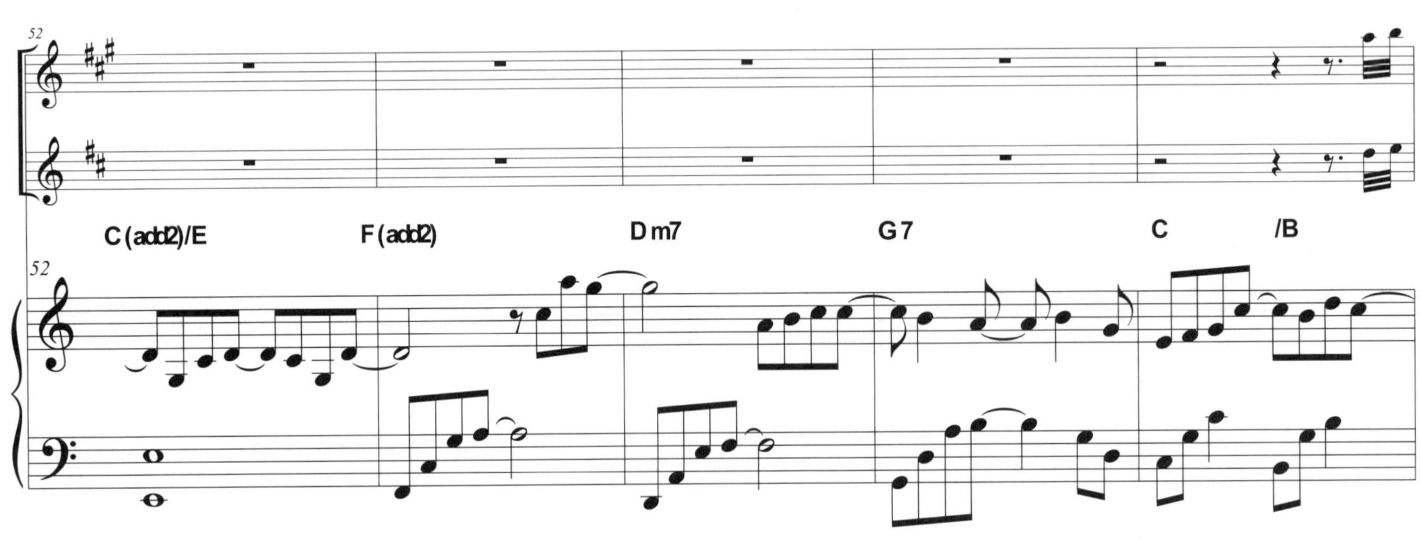

52
C (add2)/E
F (add2)
Dm7
G 7
C
/B

57
Am
Dm7
G
C

아이처럼

김동률 작사 · 작곡
Sax arr. 이은용

NO COPY
아이처럼

Gm7
C7sus4
F
D7/F#
Gmsus4
C7

Fsus4
Dm7
Gm7
C7
F
Bm7(b5)

Bbsus4
Bm7(b5)
E7
Amsus4
Dm7
Gmsus4
C7

17
1.
F
B♭
C7
F
Dm7

20
Gmsus4
C7
F
Bm7(b5)
B♭
C7

23
F
Dm7
Gm
C7
F
D7/F♯

4/5
아이처럼

2.
F
B♭
C
F
D

E♭6
C7
D7
Gm
C7

F
Dm7
Gm
C7
F

35
B♭
E7/B
Am7
Dm7
Gm
C7

38
F
B♭
Bm7(b5)
E7
Am7
Dm
8va
2/4

41
Gm
C7sus4
8va
F
B♭
C7
F
2/4
4/4

Endless Love

(Alto)

Richie, Lionel 작사 · 작곡
First A. Sax arr. 이은용

11
F 9
G 7
C 9
G/B

15
F (add2)
G 7
C
G/B
Am
G

19
FM7
F/G
G 7
C
Dm
C 7

F (add2)
G7
C9
Em/B
Am
Em7/G
23

FM7
Em
Dm7
G7sus4
27

C
31

4/6
Endless Love
NO COPY

35
F 9
G 7

39
C 9
C

43
F 9
G 7
C
G/B

47
F (add2)
G 7
C
G/B
A m7
G

51
FM7
F/G
G 7
C
B♭/C
C

55
F (add2)
G 7
C 9
G/B
A m
E m7/G

FM7
Em7
FM7
Em7

FM7
Em7
Dm9
G7

C
F9
G
CM7

Endless Love

(Tenor)

Richie, Lionel 작사 · 작곡
1st-T Sax arr. 이은용

11
F9
G7
C
Gsus4/C
G/B
11

15
FM7(b9)
G7(add2)
CM7
Am
G
15
3
3
3

19
FM7
F/G
G7
C
Dm
C7
19

NO COPY

F (add2)
G 7sus4
G
C 9
E m/B
A m
E m7/G

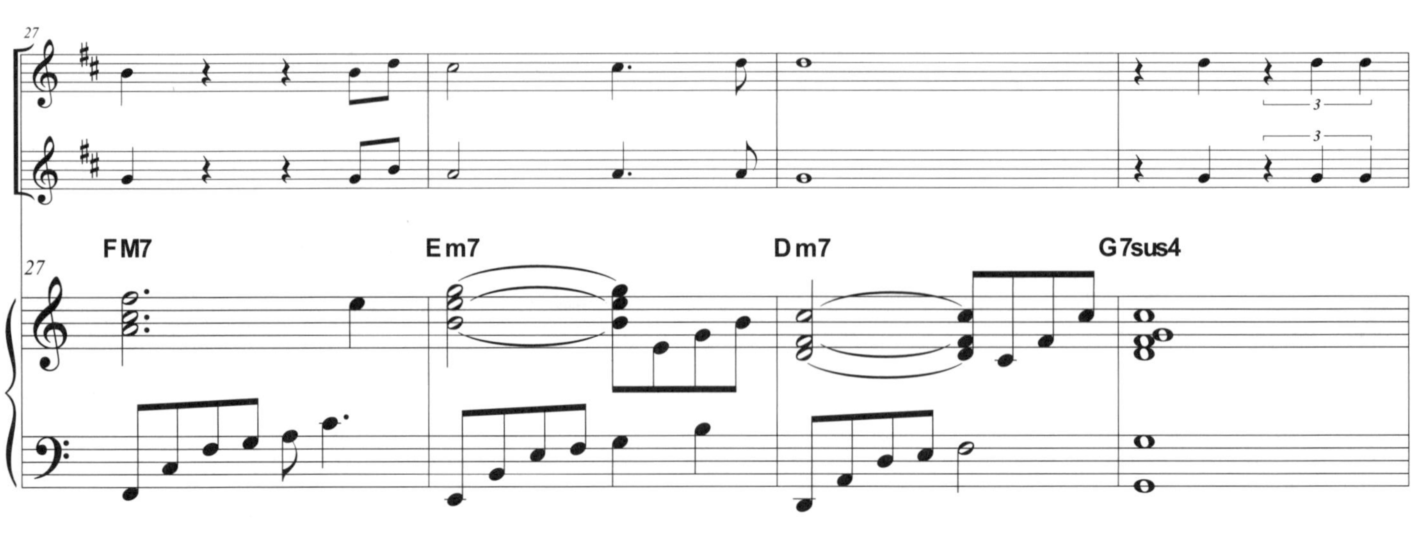

F M7
E m7
D m7
G 7sus4

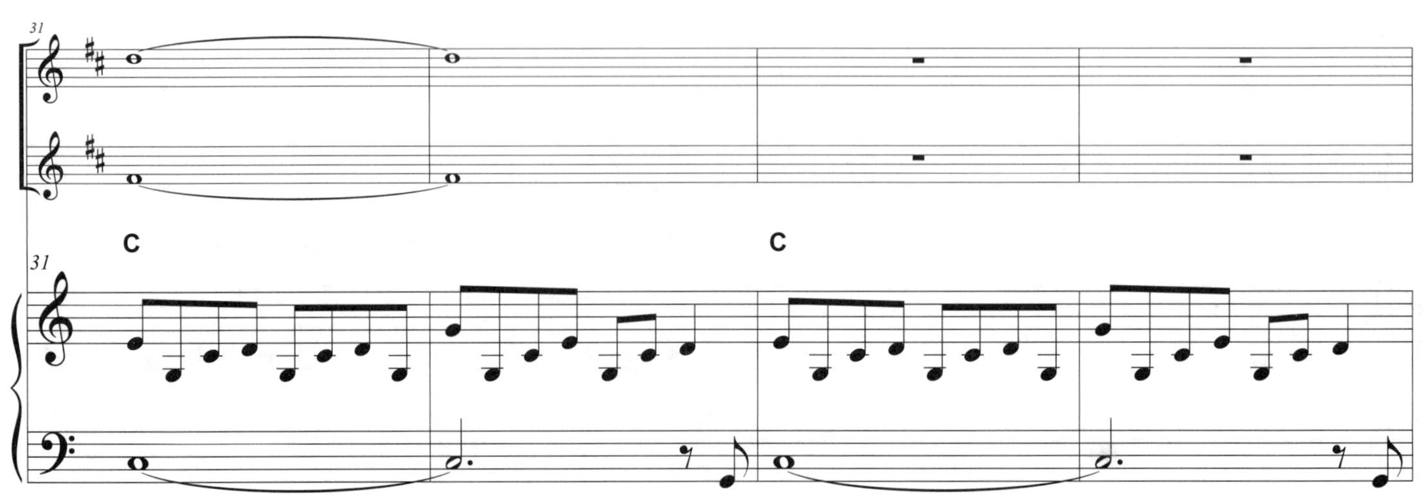

C
C

3
3
F 9
G 7

3
3
C
C
3

F 9
G 7
C
G/B

FM7(b9)
G9
C
G/B
Am7
G

FM7
F/G
G7
C
F/C

F(add2)
G7sus4
G
C9
Em/B
Am
Em7/G

FM7
Em7
FM7
Em7

F7
Em7
Dm9
G7

F9
G
CM7
3

신부에게

이세준 작사 · 박승화 작곡
Sax arr. 이은용

Bb9
Gm7
Eb
C7
F7sus4
Bb(add2)
EbM7

F
Bb(add2)
Dsus4
D7
Gm
BbM7/F
Eb
Ebm/Gb

Bb
Dm7
Gm7
Eb
Eb/F
F
Bb
EbM7 F7
Bb
Eb

F7
3
B♭   F/A
Gm
C7
Cm7
F7
B♭
D7

Gm   Dm7/F   C
Cm7
Fsus4
1.
B♭
E♭M7
B♭(add2)
E♭/F
3
3

2.
E♭
F
Gm7
E♭(add2)
F7
Gm(add2)
B♭M7/F

34
Eb9   F7   Gm   Eb   Bb(add2)   C7   Fsus4
34

38
Bb   D7   Gm   Gm7/F   Eb   Bb   Cm7   F7
38

42
Bb(add2)   D7   Gm   F   EbM7   Cm7   F   Bb   EbM7   F7
42
3
3

46
B♭　E♭　F7　3　B♭　F/A　Gm　C7　Cm7　F7

50
1.
2.
B♭　D7　Gm　F6　C　Cm7　Fsus4　Gm　Dm/F　C

54
Cm7　Fsus4　B♭(add2)　E♭(add2)　F　B♭　E♭(add2)　F7　B♭(add2)

10월의 어느 멋진 날에

한경혜 작사 · L.Rolf 작곡
Sax arr. 이은용

NO COPY
2/5
10월의 어느
멋진 날에

Gm7/D
E♭
F7
B♭
Cm
F
B♭

Gm
A
D
B♭
Cm
F7
Gm7

Cm
F7
B♭
Cm/B♭
B♭
E♭/B♭
B♭
Cm7

3/5
10월의 어느
멋진 날에
NO COPY

F7   B♭   Gm   C   F   B♭   Cm7

F7   B♭   E♭   F   B♭   Cm7

F   B♭   Gm   A   D   B♭   Cm7

NO COPY
10월의 어느
멋진 날에

33
F7   Gm   Cm   F7   B♭   Cm

37
F   B♭   Gm   C   F   Cm7

41
F7   B♭   E♭   F   B♭   Cm7

5/5
NO COPY
10월의 어느
멋진 날에

45
F
B♭
Gm
A
D

48
B♭
Cm
F7
Gm
Cm
F7

51
Gm
Cm
F7
B♭

Nothing Better

안정엽 작사 · 작곡
Sax arr. 이은용

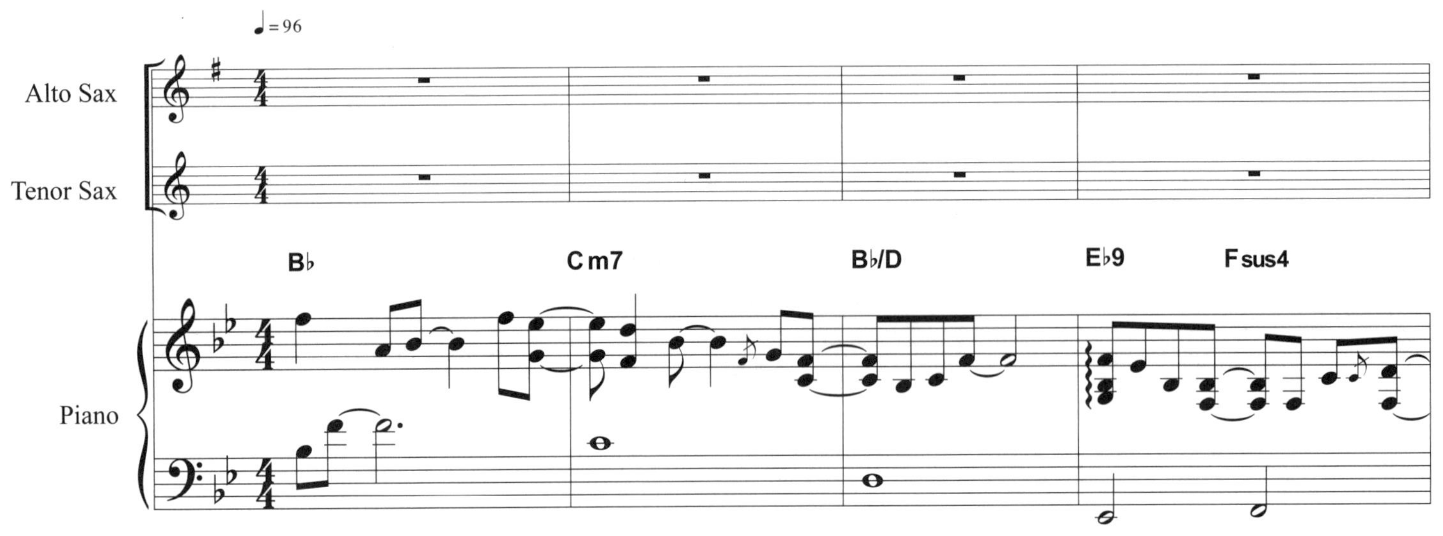

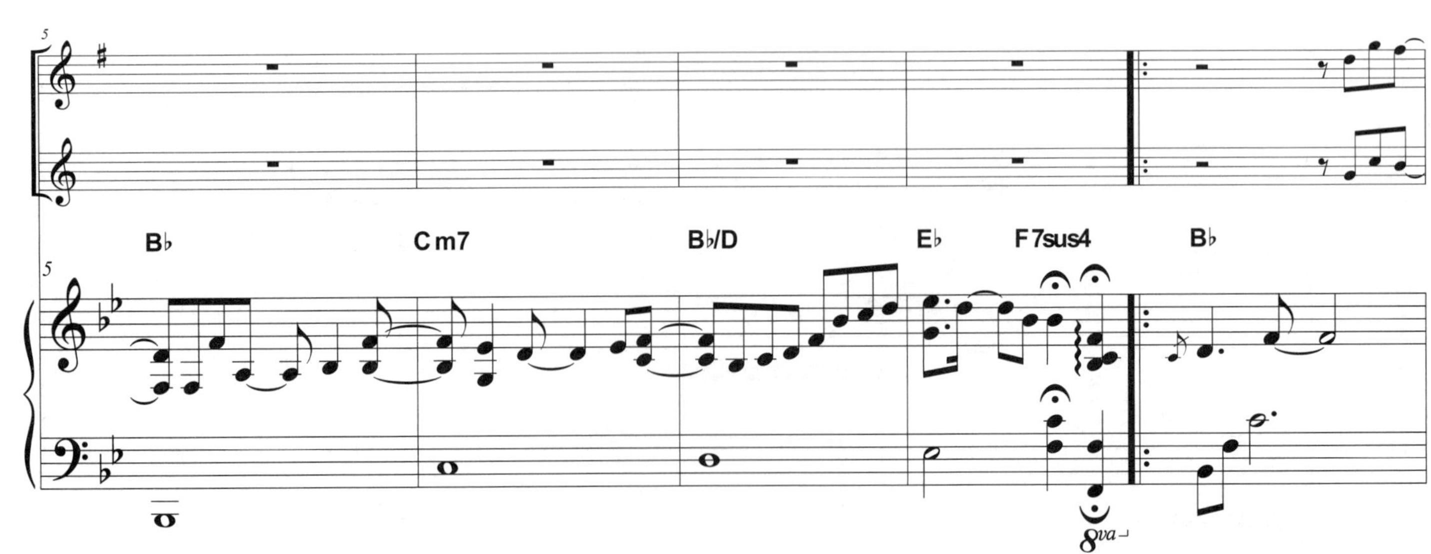

Cm7
B♭/D
E♭
F
B♭

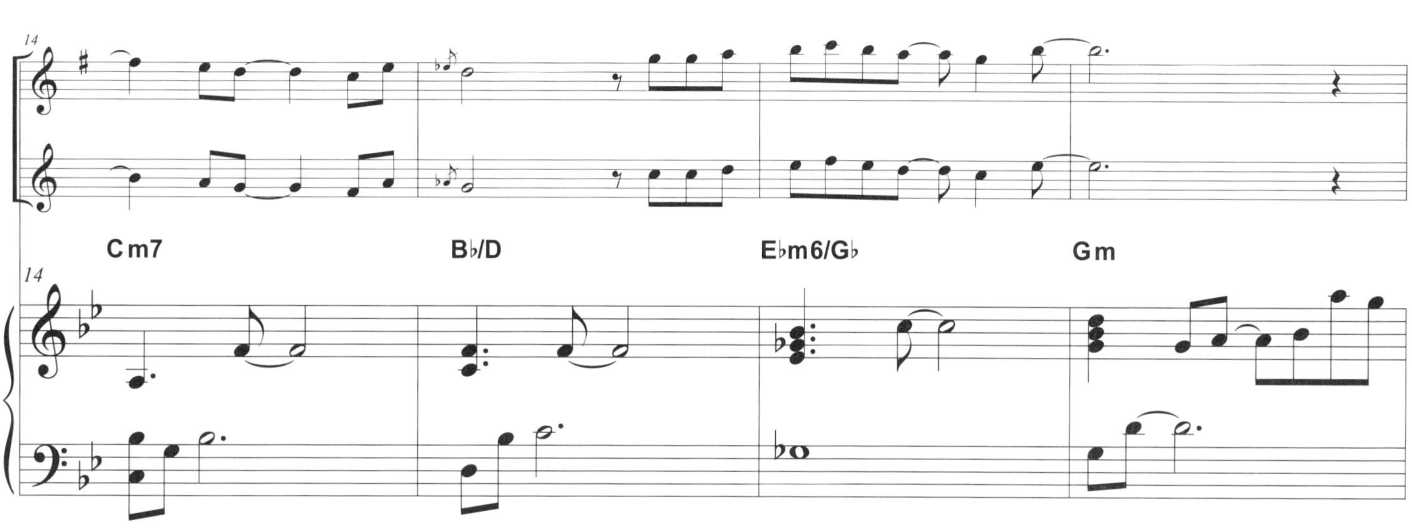
Cm7
B♭/D
E♭m6/G♭
Gm

B♭aug/G
Cm7
F7sus4
B♭

22
GᵇM7   F   F7sus4   Bᵇ   C/Bᵇ   Bᵇ
2.
22

26
Eᵇ   Daug7   Gm7   C7(♯11)   C7
26

30
Eᵇ   F   Bᵇ   GᵇM7   Fm7   Em7(ᵇ5)
30

34
E♭
D 7
G m7
C 7(♯11)   C 7

38
C m7
F 7sus4
B♭

41
F m/A♭
G aug
C m7
F 7sus4
3
3

Nothing
Better

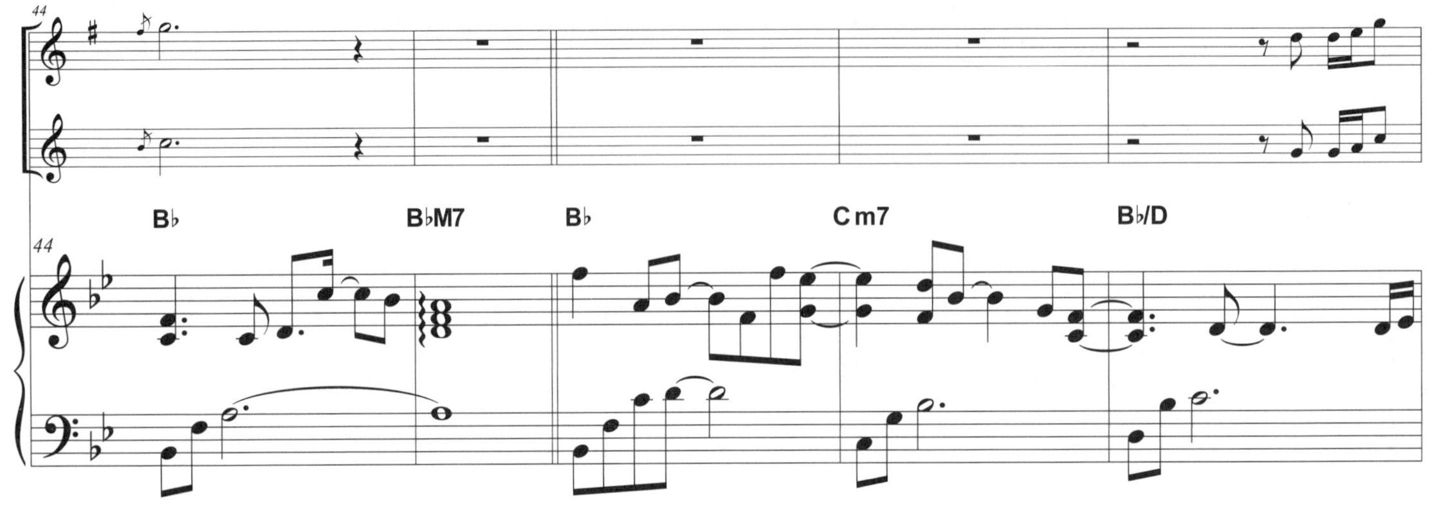

C/Bb   Bb   D.S. al Coda   Bb   Fm6/Ab   G7   Cm7

F7sus4   Bb   Fm6/Ab   G7   Cm7

F7sus4   EbM7   Bb/D   Cm7   F7sus4   Bb

CD 10

감사

김동률 작사 · 작곡
Sax arr. 이은용

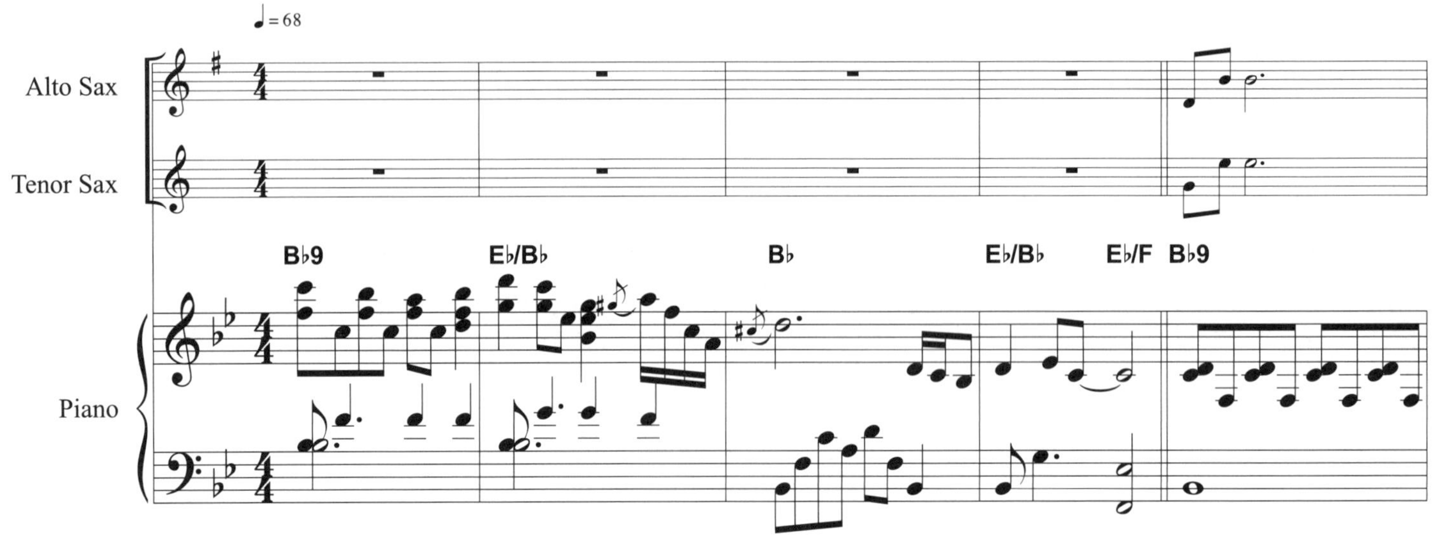

2/5
감사

NO COPY

Fsus4
F
E♭
B♭
E♭/F
B♭

Cm7
F7
B♭9/D
B♭7/D
E♭9
G♭aug/A♭
B♭/F

E♭/F
F
E♭
B♭
G♭M7
A♭/G♭

F m7
B♭m
E♭m
A♭
D♭
B/D♭ D♭
G♭M7
B

F m7
B♭m
E♭m7
G♭/A♭
D♭9
3
3

E♭m
D♭/F
G♭
G♭6
B
B♭m
B♭m/A♭

NO COPY

1.
E♭/G   E♭m/G♭   D♭/F   A♭7   D♭   E♭/F   B♭   C m7   F F/E♭

B♭/D   E♭9   E♭m/A♭   B♭/F   F   E♭
3

2.
B♭   D♭/F   E♭m   G♭/A♭   A♭   D♭9

NO COPY
감사

48
Ebm
Db/F
Gb Gb6 B
Bbm
Bbm/Ab

52
Eb/G
Ebm/Gb
Db/F
Ab7
Db
Eb7
Ebsus/Ab

56
Db9
Gb/Db
Db9
Gb/Ab
Db9

결혼해줄래?

이승기 작사 · 김도훈 작곡
Sax arr. 이은용

Bb
Bbsus4 Bb/D
EbM7
Eb
Bb/D

Cm7
F7sus4
Bbsus4 Bb
Bb Cm Bb/D

F/Eb Eb
Em7(b5)
Am7/D Dm
Gm7

C m7
Eb/F
F 7sus4

Bb
Bbsus4
Bb
Gm7
Gm7

F/Eb
Eb
Dm7
Bb/D
Cm7
F 7sus4

Bb
Bbsus4   Bb
Gm7
Gm7

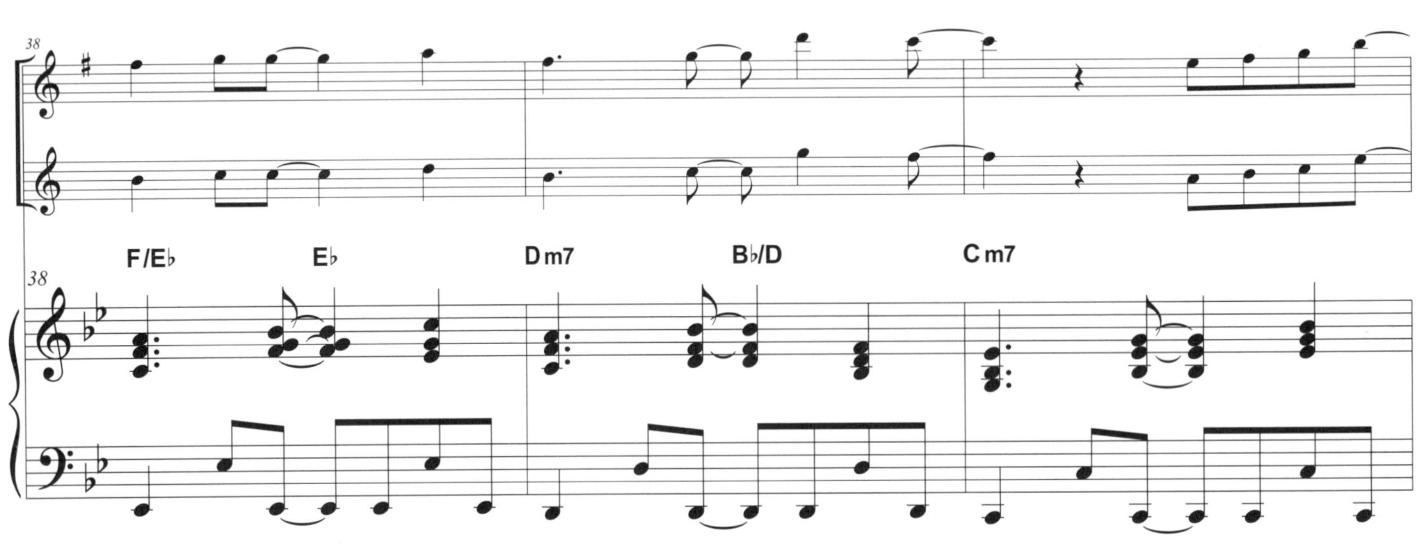
F/Eb
Eb
Dm7
Bb/D
Cm7

1.
Eb/F   Cm(b5)/F
Bb
Eb/F

44
Bb Bbsus4 Bb EbM7 Eb Bb/D

48
Cm7 Eb/F Eb/Bb Bb Eb/F

52
2.
Dsus4 C Dbm(b5) F#(#9) Bm7

NO COPY

D/E
Am7
Dsus4

F7sus4
B♭
B♭sus4
B♭
Gm7

Gm7
F/E♭
E♭
Dm7
B♭/D
Cm7

68
F7sus4
B♭
B♭sus4
B♭
Gm7

72
Gm7
F/E♭
E♭
Dm7
B♭/D
Cm7

76
E♭/F
Cm(b5)/F
B♭
E♭/F
B♭M7

지금 이 순간

Frank Wildhorn 작곡
Sax arr. 이은용

Bb
Csus4
Bb/C
Fmaj7

Bb/C
Fmaj7
Dm(add2)
Am

Gm
F/A
Bb
Bb/C
F
Gm/F

NO COPY

F Gm(b5)/F F Dm B♭maj7 C/B♭ Gm C/B♭

Am Dm Gm B♭/C F C/B♭ B♭ Am7 F/A

C/B♭ F/A Gm F/A

Bbm
Csus4
Bb/C
Gm
F/A
D.S. al Coda

Gm
Bb/C
F
C#7
F#
G#m/F#

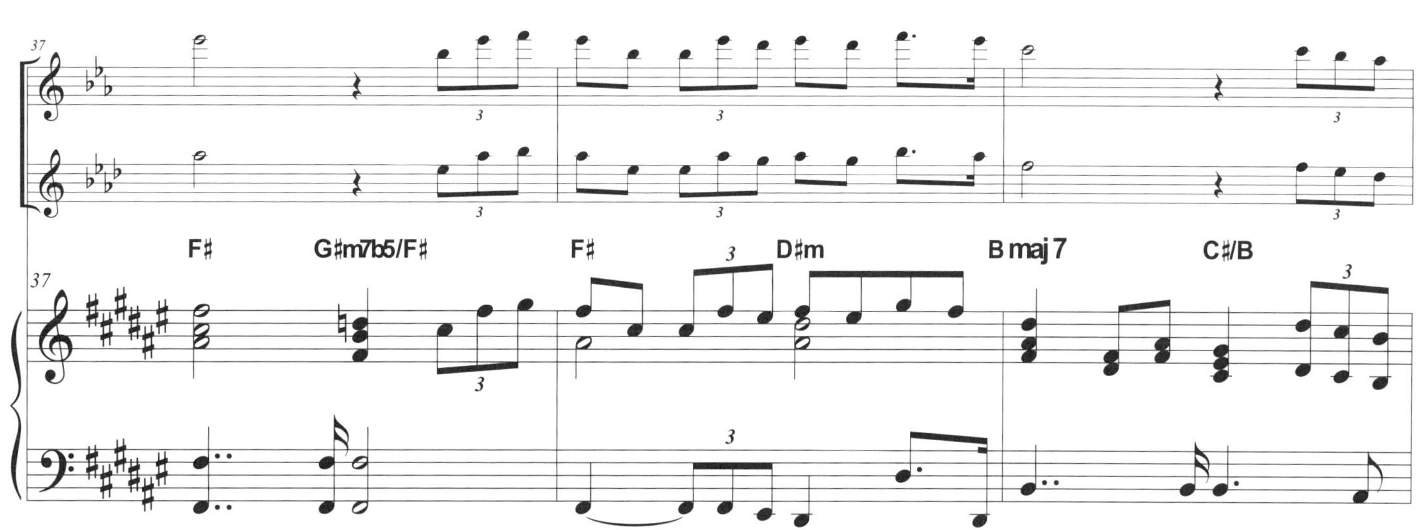

F#
G#m7b5/F#
F#
D#m
Bmaj7
C#/B

5/5
지금 이 순간

40
G#m   C#/B   A#m   D#m   G#m   F#/A#
40

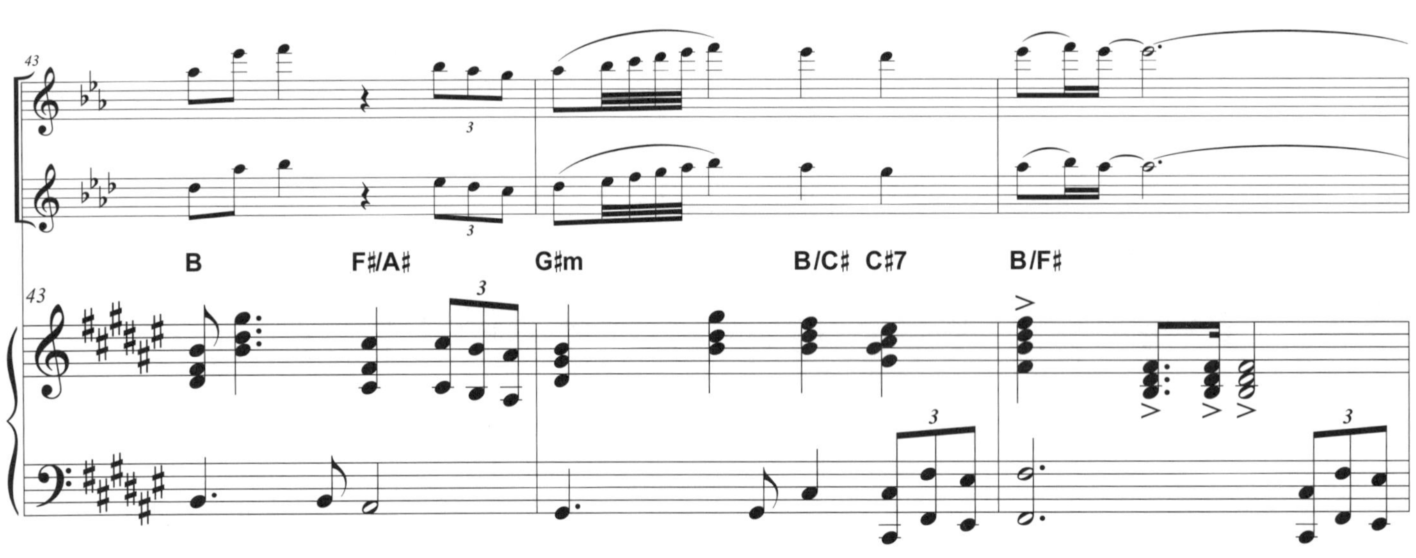
43
B   F#/A#   G#m   B/C# C#7   B/F#
43

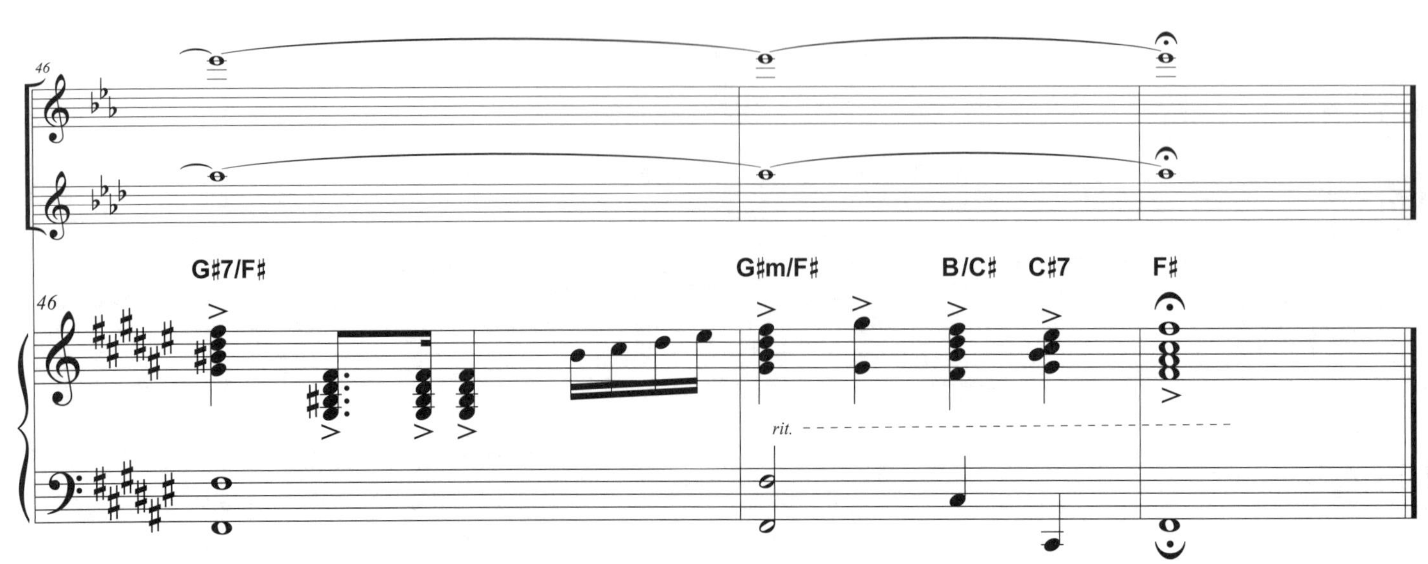
46
G#7/F#   G#m/F#   B/C#   C#7   F#
46
rit.

바보에게 바보가

원태연 작사 · MINUKI 작곡
Sax arr. 이은용

C m7
F 7sus4
F
B♭(add2)

E♭(add2)
B♭(add2)/D
B♭
C m7
E♭/F
F 7

B♭(add2)
/F
E♭(add2)
B♭(add2)/D

19
Cm(add2)
Cm/F
Bb

22
Am7(b5)
D7sus4   D7/F#   Gm
Gm7/F
Em7(b5)

25
Cm7
Eb/F   F7/Eb
D7   /F#
Gm   Bb/F   Eb(add2)

F7
Eb/F
F Em7(b5)
C/E Bb(add2)/D
Cm7
8va

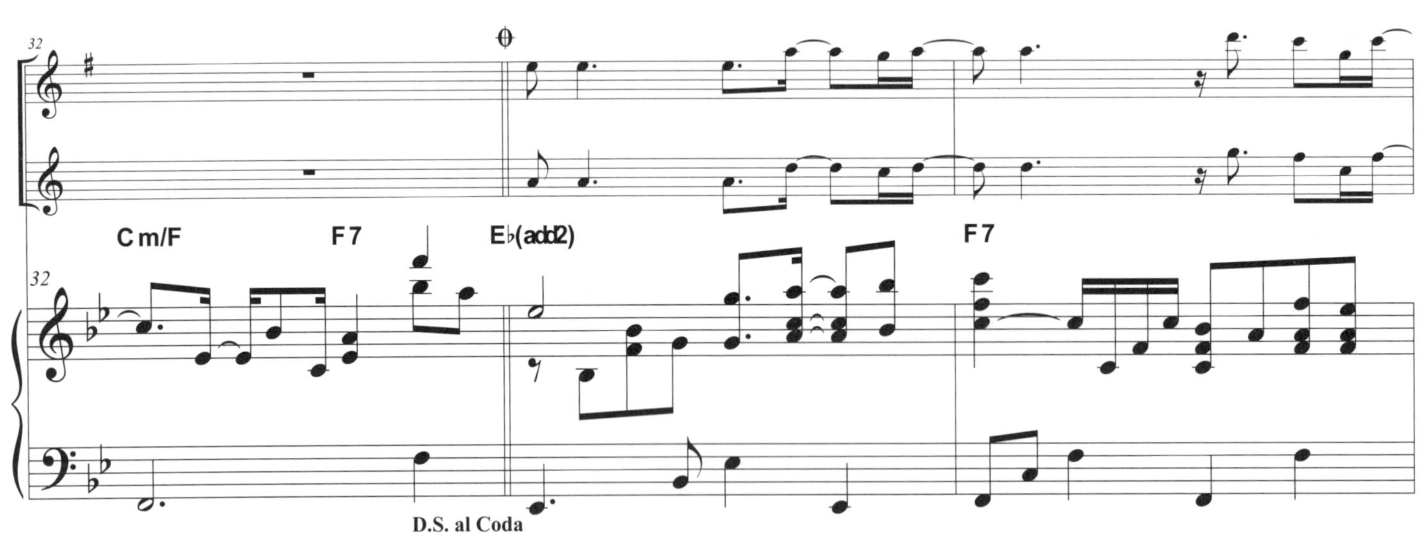
Cm/F
F7
Eb(add2)
F7
D.S. al Coda

Bb
Am7(b5)
D7sus4
D7/F# Gm
Gm7/F

38
Em7(b5)   Cm7   Eb/F F7/Eb   D7   /F#   Gm   Bb/F
38
3   3

41
Eb(add2)   F   Bb(add2)
41
8va

44
Cm/Bb   Bb(add2)   Cm/Bb   F/Bb   Bb(add2)
44
3

You Raise Me Up

G.Brendan 작사 · L.Rolf 작곡
Sax arr. 이은용

2/5
NO COPY
You Raise
Me Up

10
E♭   C m7   A♭   E♭/G   B♭/F   C m7   A♭

14
E♭(add2)/G   B♭   E♭   E♭sus4   E♭/B♭   A♭   E♭/B♭   B♭7

18
E♭   F   F   G m7/F   F   F/A   B♭

F/C   C   B♭(add2)   F/A   B♭   F/C   C 7
3

F   Dm   B♭   F   C (add2)/E   Dm   B♭

F/C   C sus4 C 7/E F sus4   F   B♭   F/C   C sus4   C

F
E♭m
B
G♭
D♭/F

E♭m
B
D♭sus4
D♭7
E♭m7
B

G♭/B♭
B
3
G♭/D♭
D♭7
G♭

NO COPY
5/5
You Raise
Me Up

Ebm   B   Gb   Db/F   Ebm   B   Dbsus4   Db7

Gb   B   Gb   B(add2)   Gb/Db   Db7   Ebm   Db   BM7

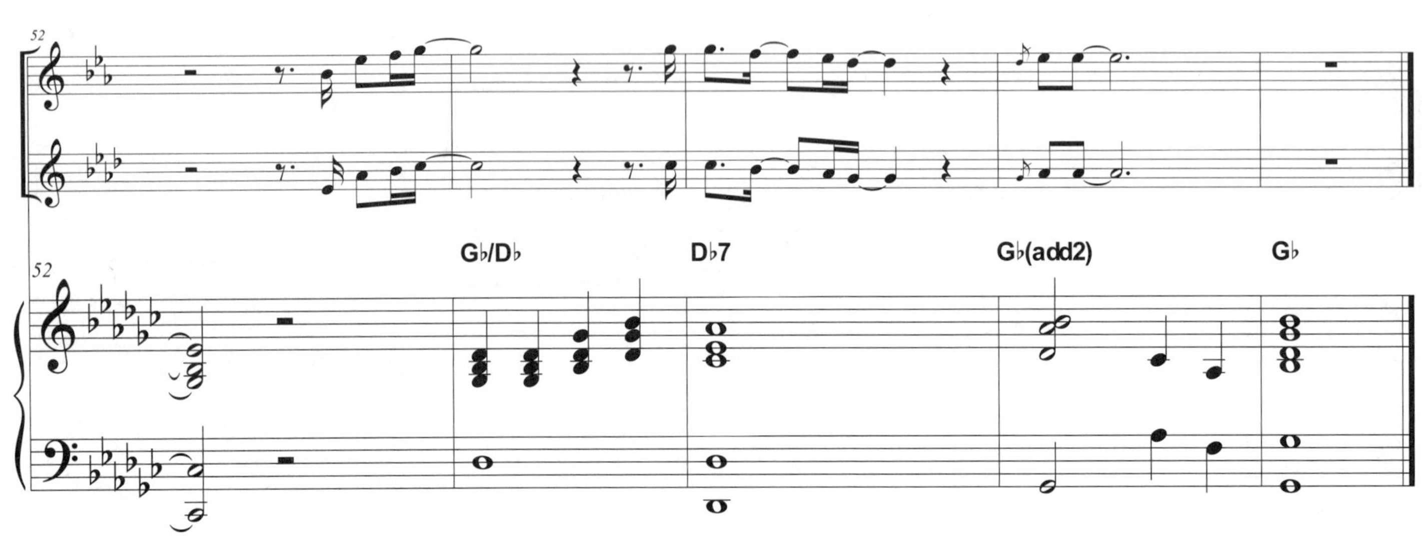

Gb/Db   Db7   Gb(add2)   Gb

두 사람

윤영준 작사 · 작곡
Sax arr. 이은용

2/7
두 사람

Fm/E♭
B♭7
B♭m
/E♭

A♭
E♭/G
E♭m/G♭
F7
D♭
B♭m/D♭

A♭
Cm7/G   C7
Fm
A♭M7/E
Fm/E♭
B♭7

두 사람
NO COPY

16
B♭m7
/E♭
A♭

19
Fsus4/G
C7
Cm7(b5)/G♭
F7
D♭M7
B♭m/D♭ D♭M7

22
Gm7
C7
Fm
A♭M7/E♭
D♭M7
A♭/C

25
1.
B♭m7   /E♭   A♭   D♭/A♭   A♭
3

28
2.
A♭   Cm7/G   Cm7   F7   B♭m7

31
D♭m   B♭m7/E♭   A♭   Cm7/G   Cm7(b5)/G♭   F7

B♭m7　Fsus4/G　C7　Fm　B♭7　B♭m7

/E♭　A♭　Fsus4/G　C7

Cm7(b5)/G♭　F7　D♭M7　B♭m/D♭　D♭M7

NO COPY
두 사람

Gm7
C7
Fm
A♭M7/E♭

D♭M7
A♭/C
B♭m7
/E♭

A♭
Fsus4/G
C7
Cm7(b5)/G♭
F7

49
DbM7   Bbm/Db DbM7   Gm7   C7   Fm   AbM7/Eb

52
DbM7   Ab/C   Bbm7   /Eb

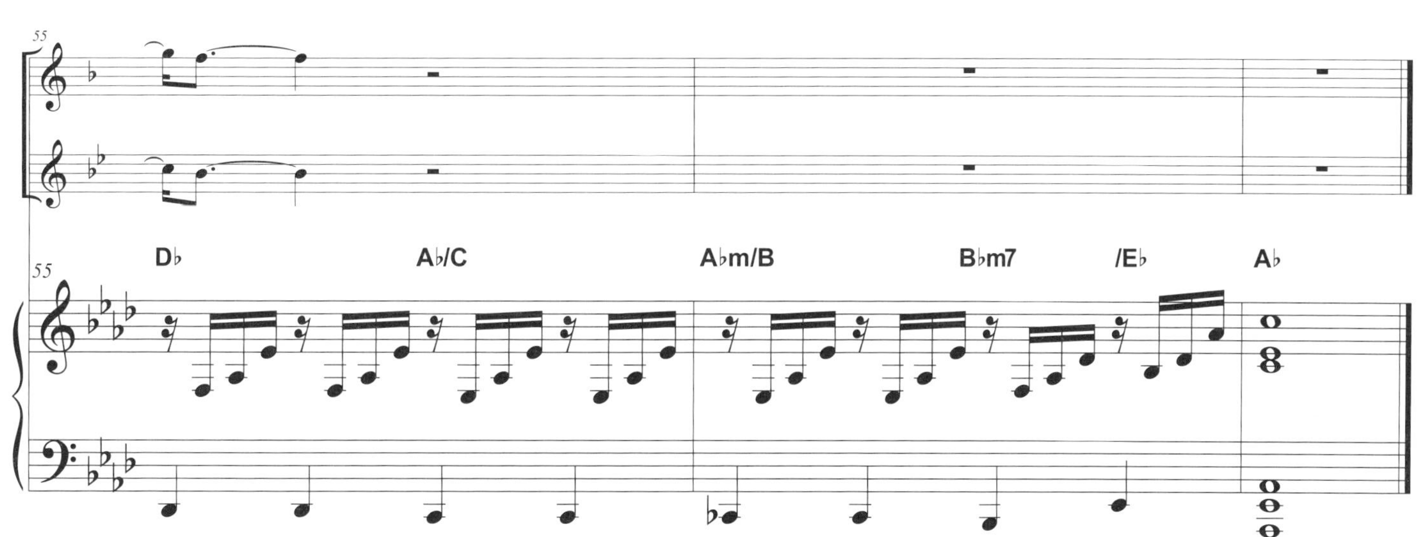
55
Db   Ab/C   Abm/B   Bbm7   /Eb   Ab

She

Aznavour Charlse 작사 · 작곡
Sax arr. 이은용

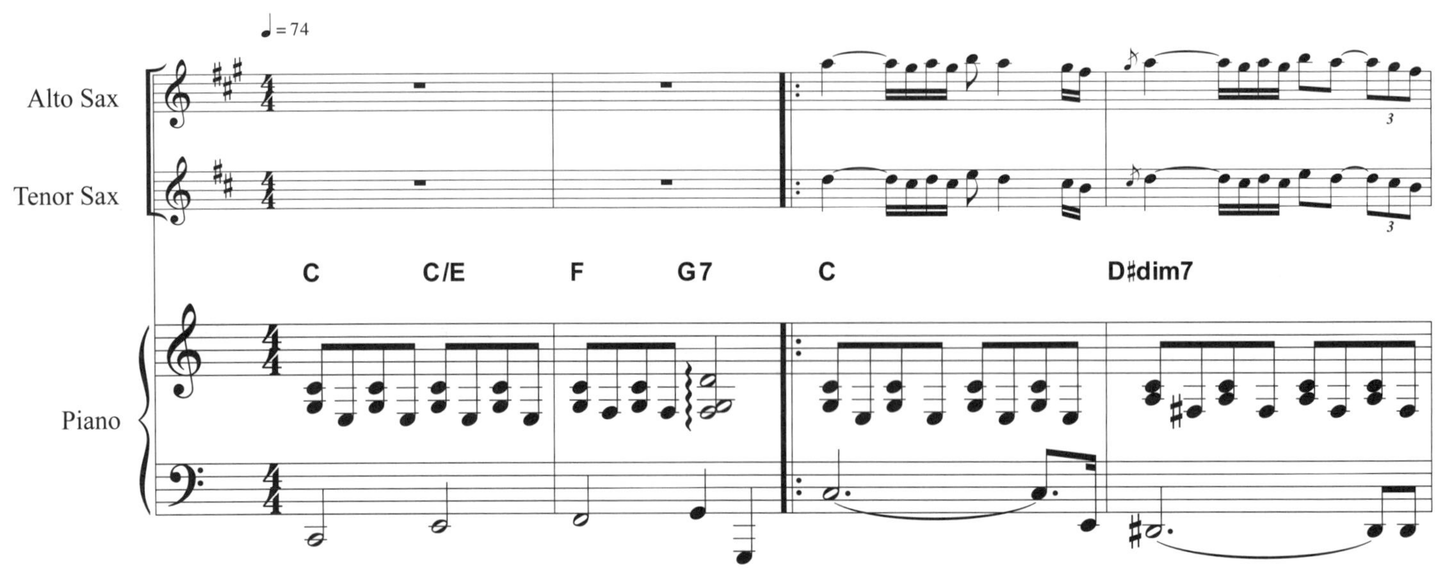

1.
2.
C/G
F6
G7
C
F G7
D/F#
F/G G7

3
33
66
3
3
C F C
C
D#dim7

3
3
3
3
F
C
C#dim
Dm
Ddim/A♭

NO COPY
3/4
She

C/G   Dm/F   G7   C   A♭

E♭   D♭M7   C

Fm   B♭7   E♭   C   D

4/4
She
NO COPY

30
G
C
D#dim7

33
F
C
A7/C#
Dm
Ddim/G#

37
C/G
F6
G7
C

사랑의 서약

김광진 작사·작곡
A. Sax arr. 이은용

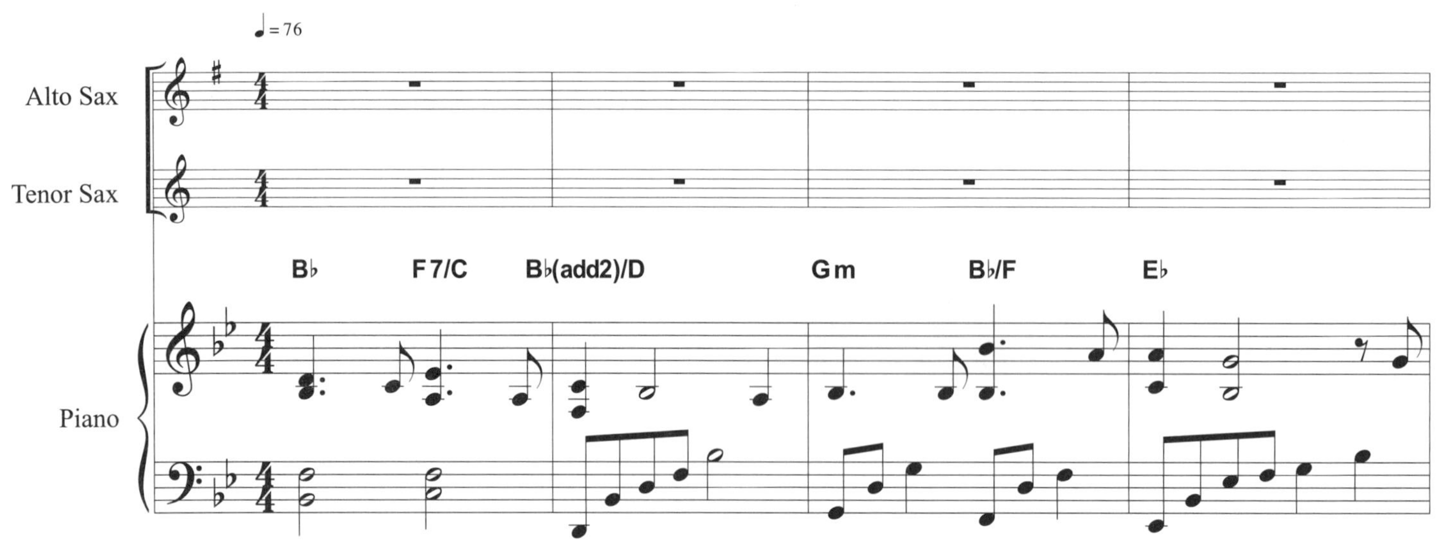

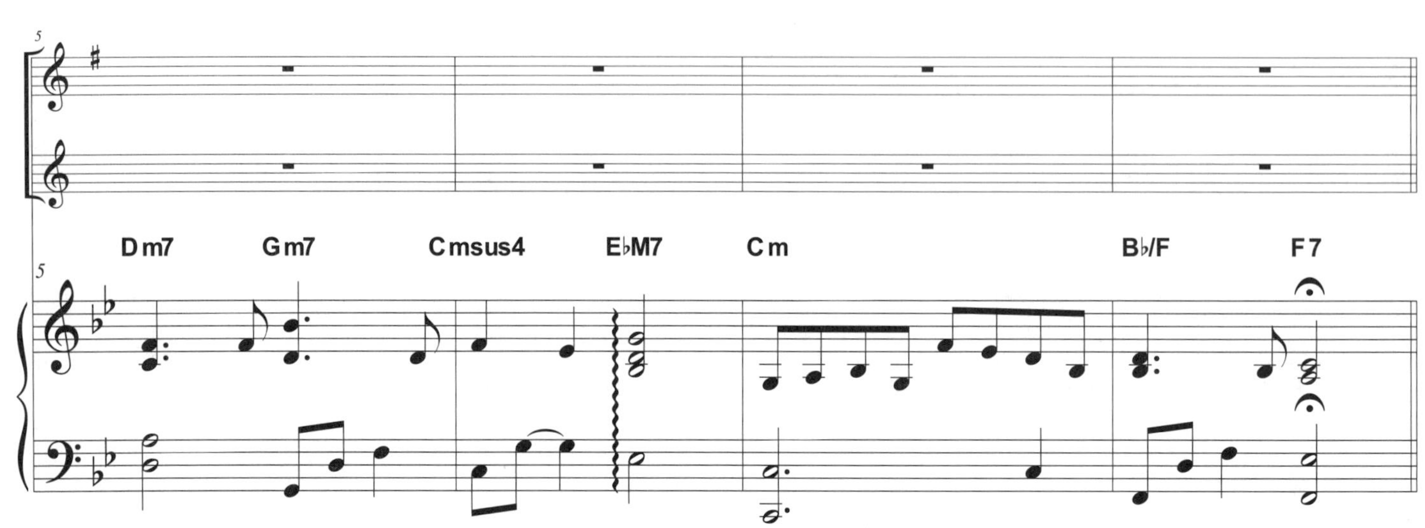

B♭
F 7/C
B♭(add2)/D
Gm
B♭/F
E♭

1.
Dm
Gm7
Cm
E♭M7
Cm7sus4
Fsus4
F 7

2.
F 7sus4
B♭
E♭(add2)
Cm7
3
3

NO COPY

F7
B♭
E♭(add2)
A♭7
B♭/F

F9
B♭
E♭(add2)
Cm7

F
B♭
E♭(add2)
A♭7
B♭/F

33
F 7
B♭
E♭
Cm
E♭
3

37
E♭/F
F
B♭
B♭/D
E♭
A♭7
B♭/F

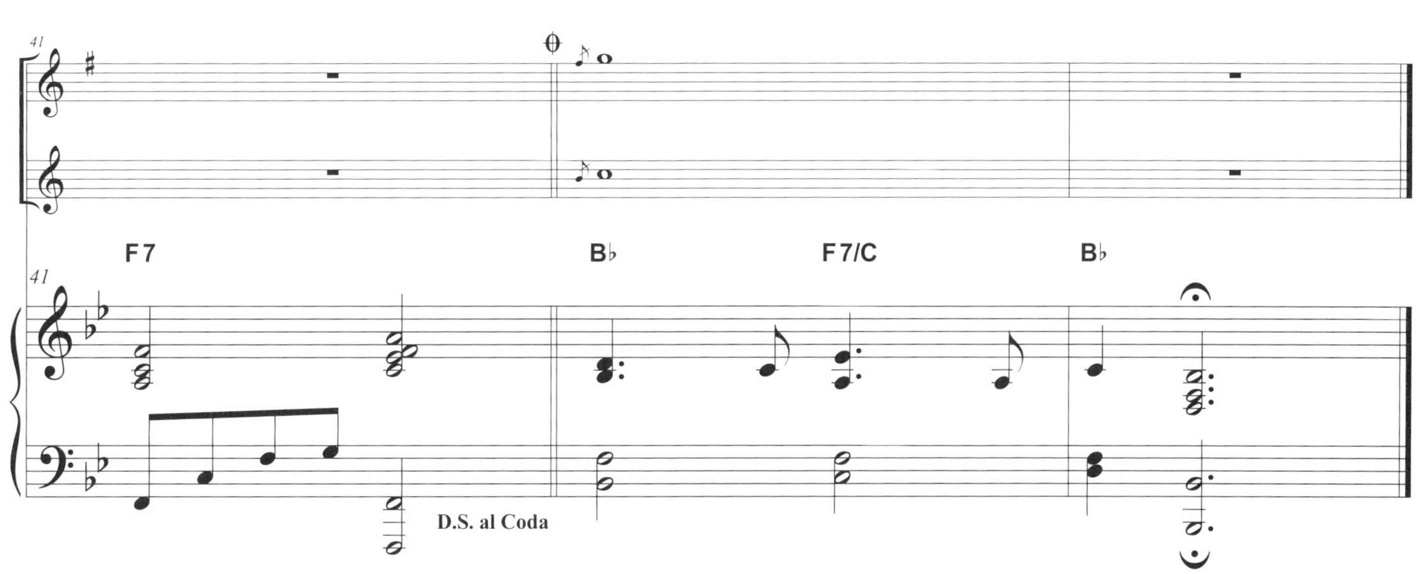
41
F 7
B♭
F 7/C
B♭
D.S. al Coda

A Love Until The End Of Time

(Alto)

L.holdrige 작사 · 작곡
A. Sax arr. 이은용

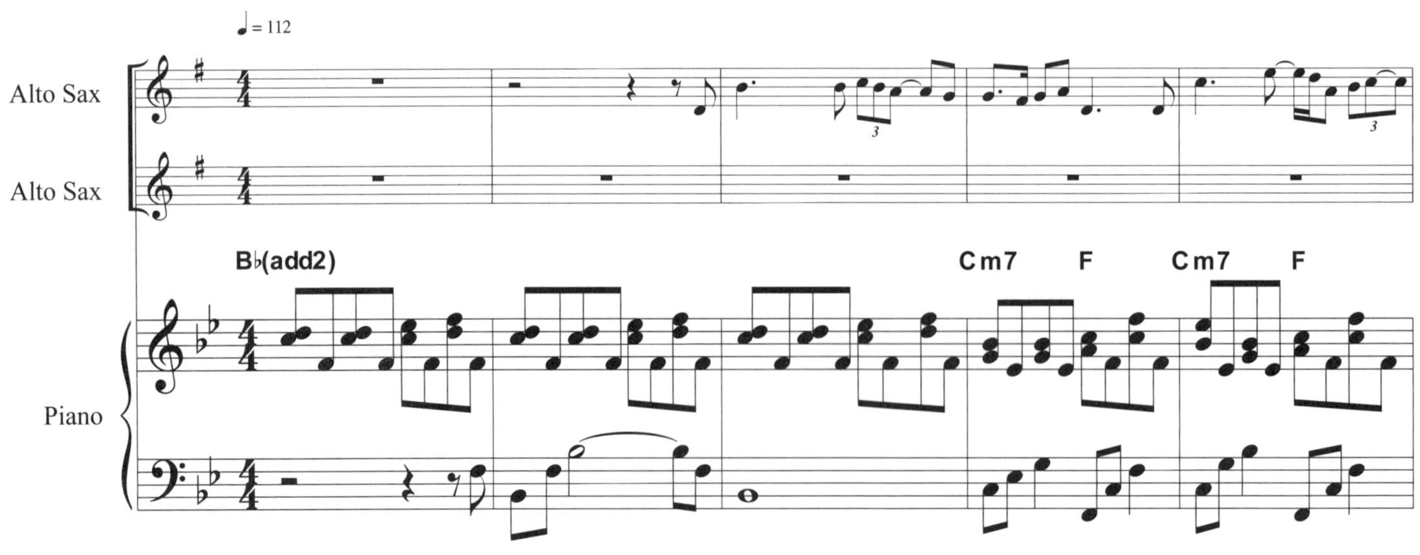

10
B♭(add2)   F   B♭   E♭/F   F   Cm   F
10

14
B♭   E♭/F   F   Cm7   F
14

18
B♭   A♭/F   E♭   F/E♭   Dm7   Gm7   Cm7   F7sus4
18

NO COPY
3/4
A Love Until
The End Of Time

22
Bb   Ab/F Eb   F/Eb   Dm7   Gm   Eb   Ab
22

26
Cm   F   Bb   Eb/F   F   Cm   F
26

30
Bb   Bb   Eb/F   F7   Cm7   F
30

4/4
A Love Until
The End Of Time
NO COPY

Bb
Ab/F
Eb
F/Eb
Dm7
Gm
Cm
F7
3
3

Bb
Ab/F
Bb7
3
Eb
F/Eb
Dm
Gm

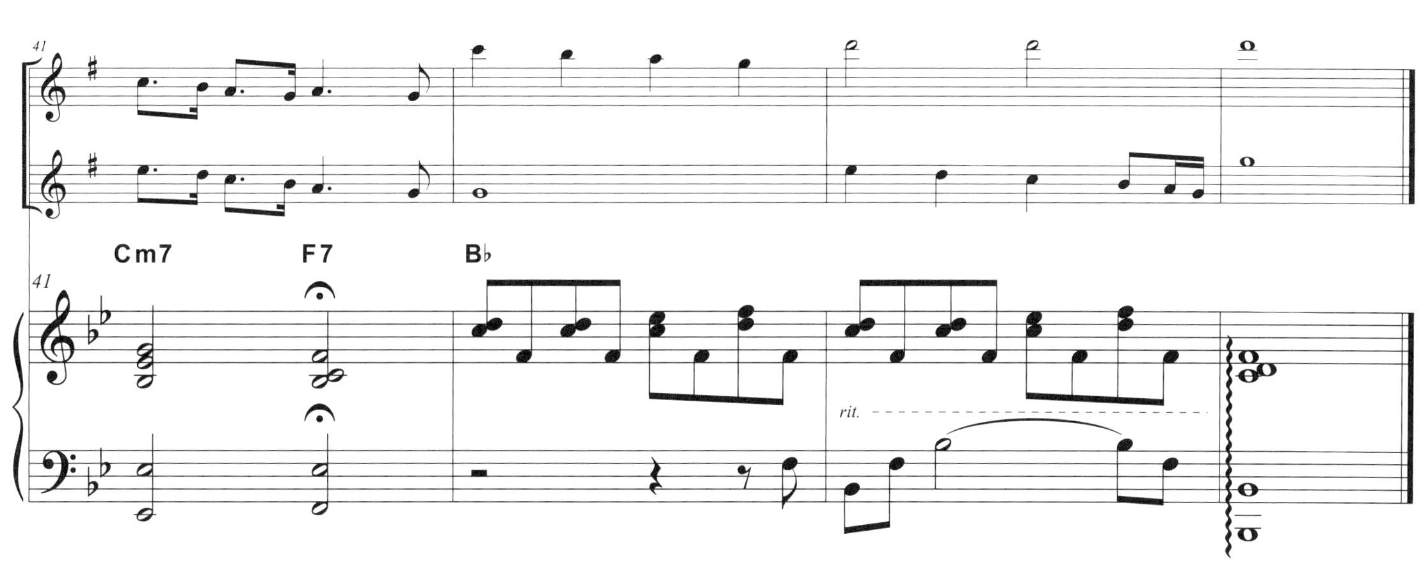
Cm7
F7
Bb
rit.

A Love Until The End Of Time

(Tenor)

L.holdrige 작사 · 작곡
T. Sax arr. 이은용

10
B♭(add2)   F   B♭   E♭/F   F   Cm   F
10

14
B♭   E♭/F   F   Cm7   F
14

18
B♭   A♭/F   E♭   F/E♭   Dm7   Gm7   Cm7   F7sus4
18

NO COPY
3/4
A Love Until
The End Of Time

B♭
A♭/F
E♭
F/E♭
Dm7
Gm
E♭
A♭

Cm
F
B♭
E♭/F
F
Cm
F

B♭
B♭
E♭/F
F7
Cm7
F

34
Bb   Ab/F   Eb   F/Eb   Dm7   Gm   Cm   F7

38
Bb   Ab/F   Bb7   3   Eb   F/Eb   Dm   Gm

41
Cm7   F7   Bb
rit.

이은용 색소폰 편곡
중앙대학교 관현악과 색소폰 전공
Berkelee College of Music 졸업
현 Modern Clazzi Music Institute 대표

황지현 피아노 편곡
중앙대학교 작곡과 작곡전공
중앙대학교 대학원 합창 지휘전공
뮤지컬 음악감독, 콰이어 디렉터 및 작곡가

색소폰 축가곡집
결혼하는 날

발행일 2016년 6월 1일
편저자 이은용 황지현
편 집 유경아 이상길
디자인 하다
영 업 현석호
관 리 남영애
발행인 최우진
발행처 (주)스코어
등 록 2012년 6월 7일 제313-2012-196호
ISBN 979-11-5780-059-9

주 소 서울시 마포구 동교로 13길 34(121-896)
전 화 02)333-3705
팩 스 02)333-3748
www.allmu.co.kr
www.openhousebooks.com

NO COPY CD 9

Nothing Better

안정엽 작사 · 작곡
A. Sax arr. 이은용

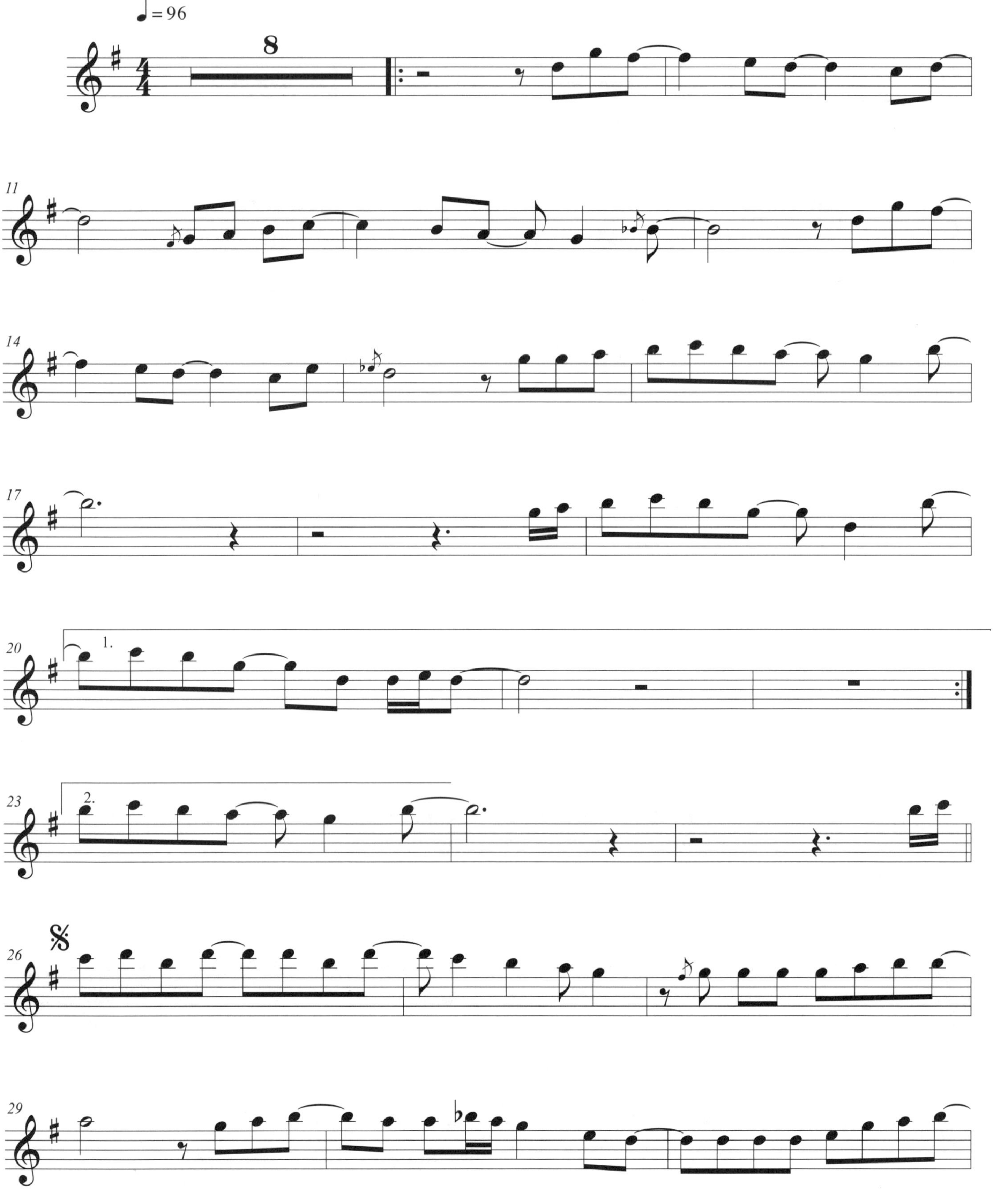

NO COPY

32

36

40
3

44

49
5

58
D.S. al Coda

62

66
3
3
3

감사

김동률 작사 · 작곡
A. Sax arr. 이은용

결혼해줄래?

NO COPY

NO COPY CD 12

지금 이 순간

Frank Wildhorn 작곡
A. Sax arr. 이은용

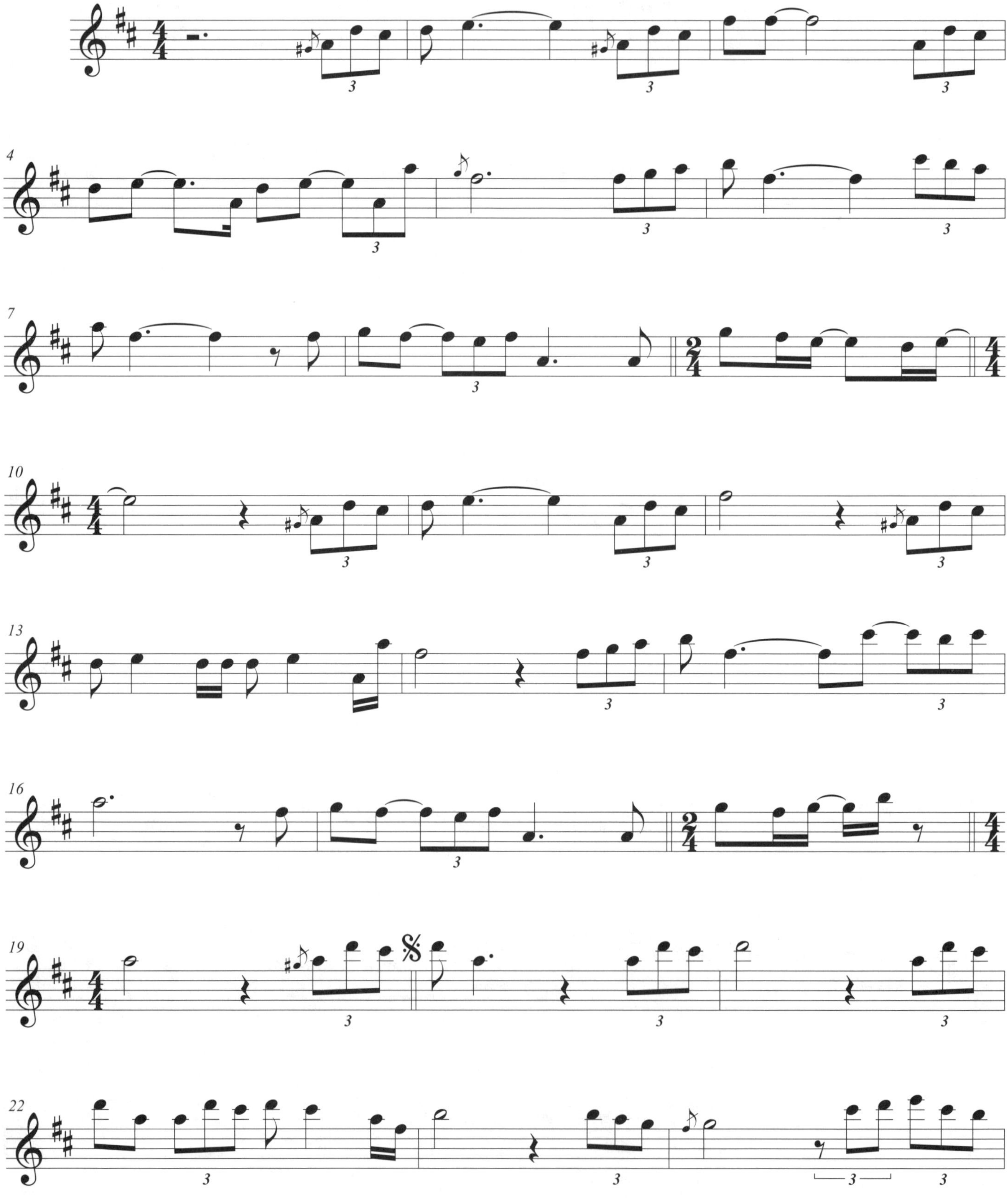

D.S. al Coda

바보에게 바보가

원태연 작사 · MINUKI 작곡
A. Sax arr. 이은용

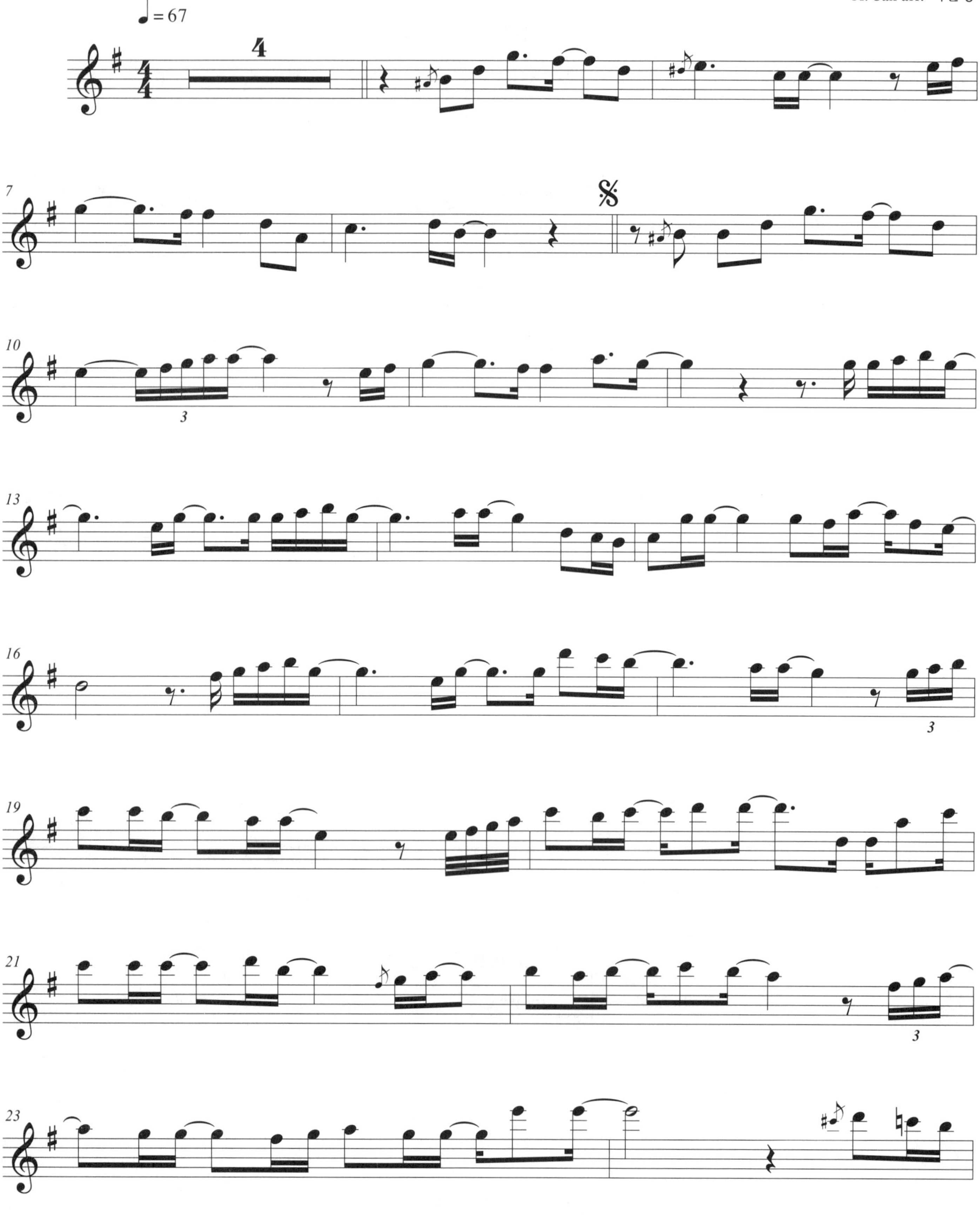

NO COPY

D.S. al Coda

NO COPY CD 14

You Raise Me Up

G.Brendan 작사 · L.Rolf 작곡
A. Sax arr. 이은용

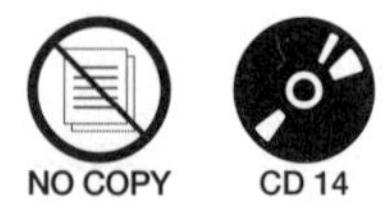

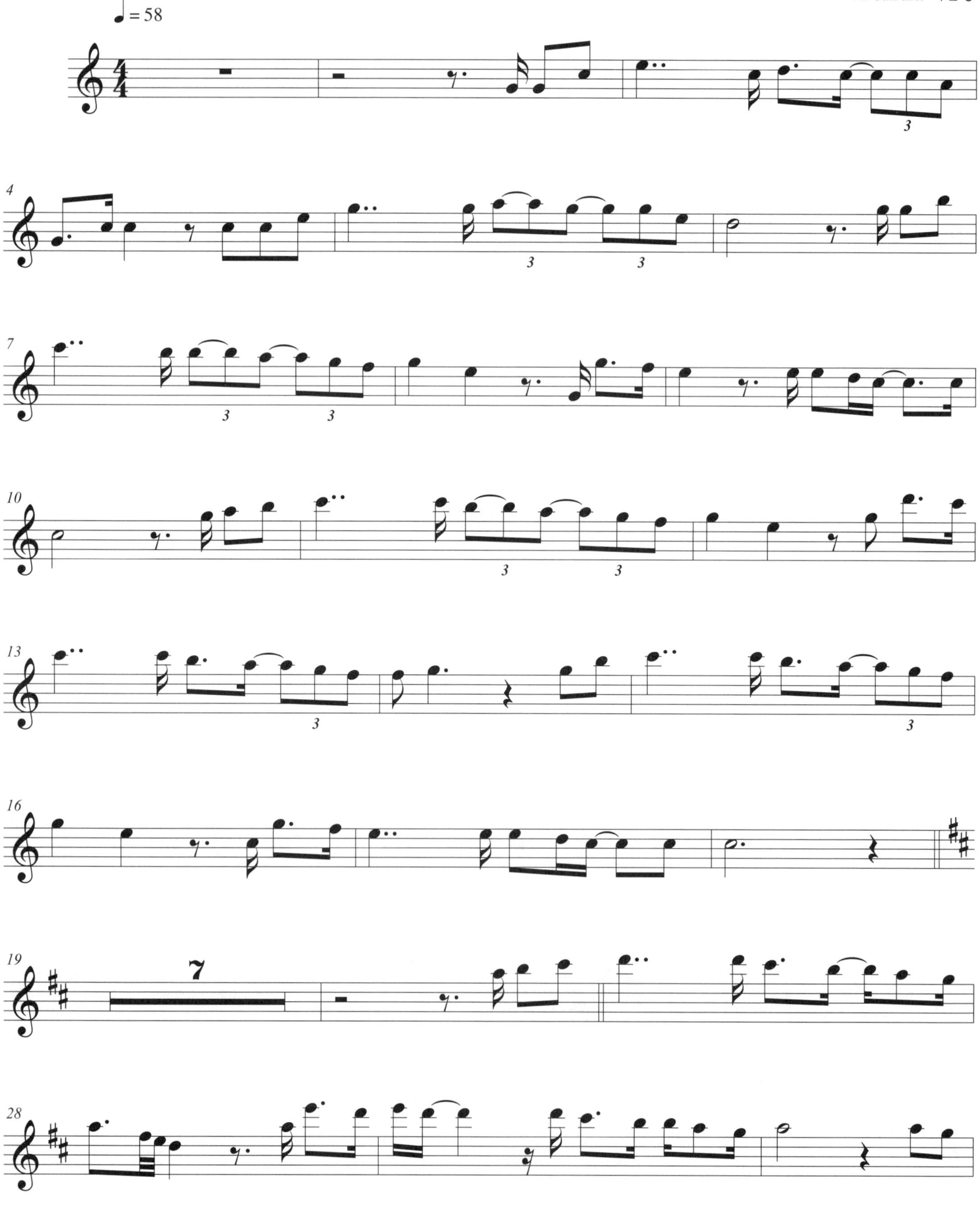

NO COPY

두 사람

윤영준 작사 · 작곡
A. Sax arr. 이은용

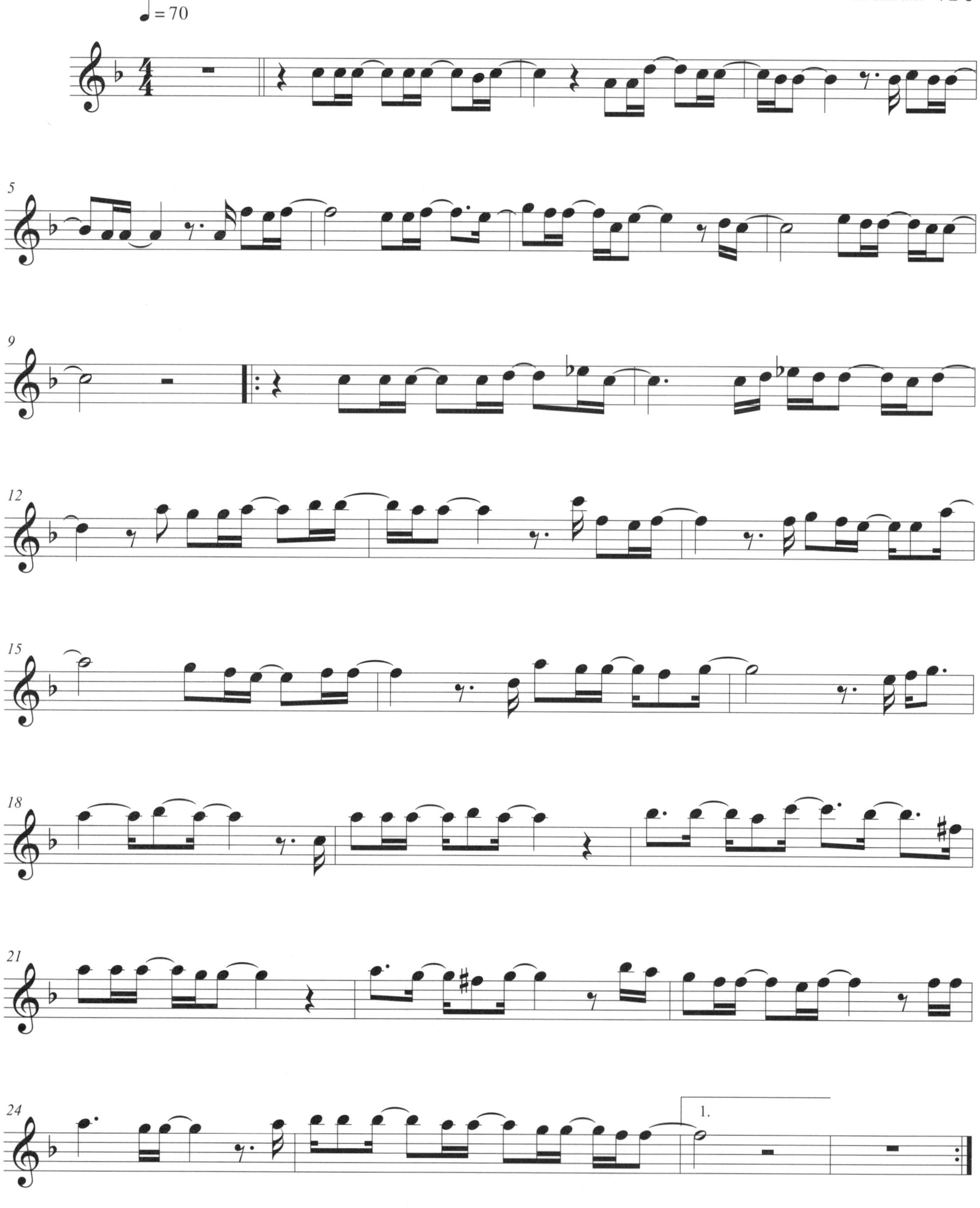

NO COPY
2/2
27

She

Aznavour Charlse 작사·작곡
A. Sax arr. 이은용

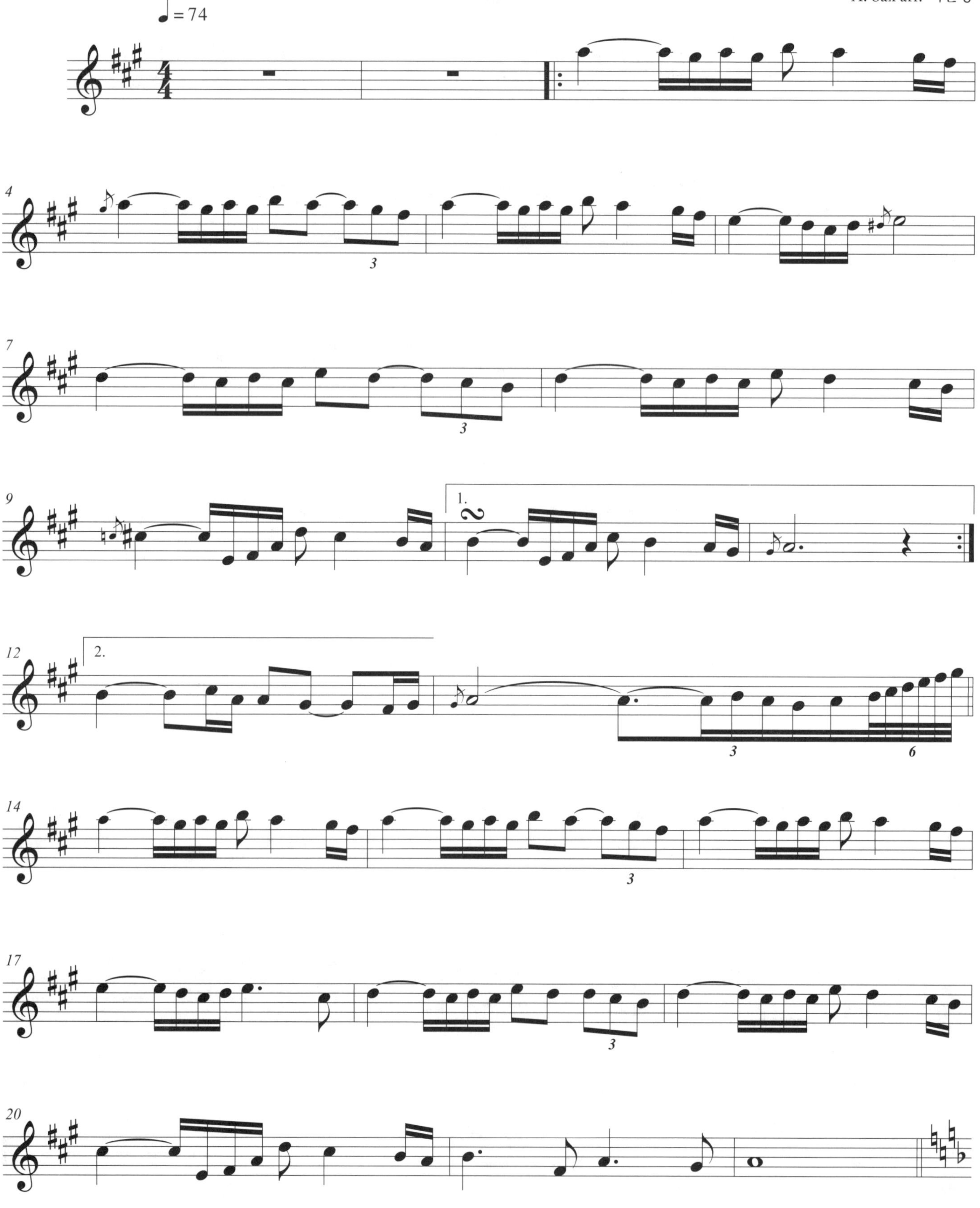

♩ = 74

2/2
NO COPY

사랑의 서약

김광진 작사 · 작곡
A. Sax arr. 이은용

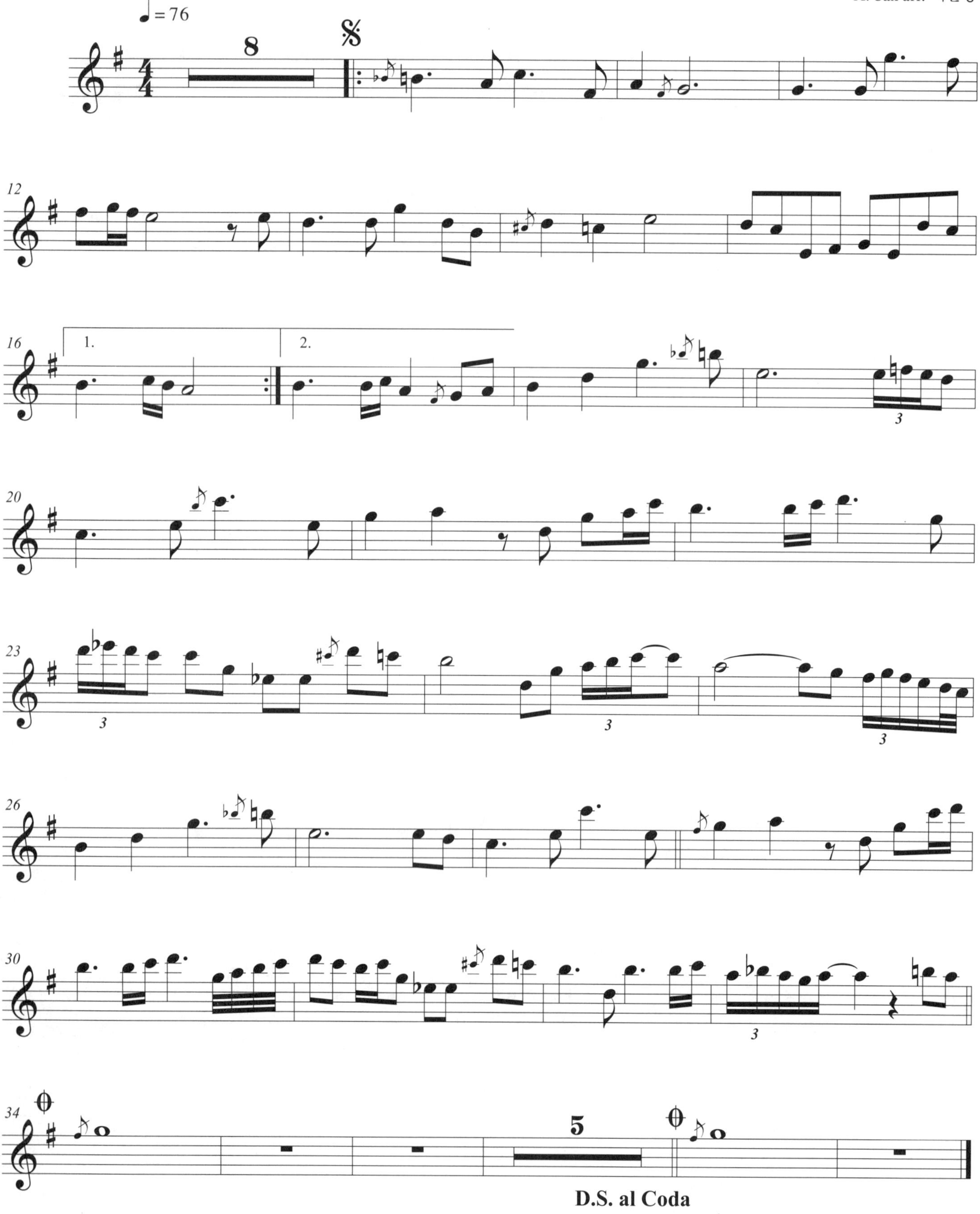

A Love Until The End Of Time

L.holdrige 작사·작곡
1st–A. Sax arr. 이은용

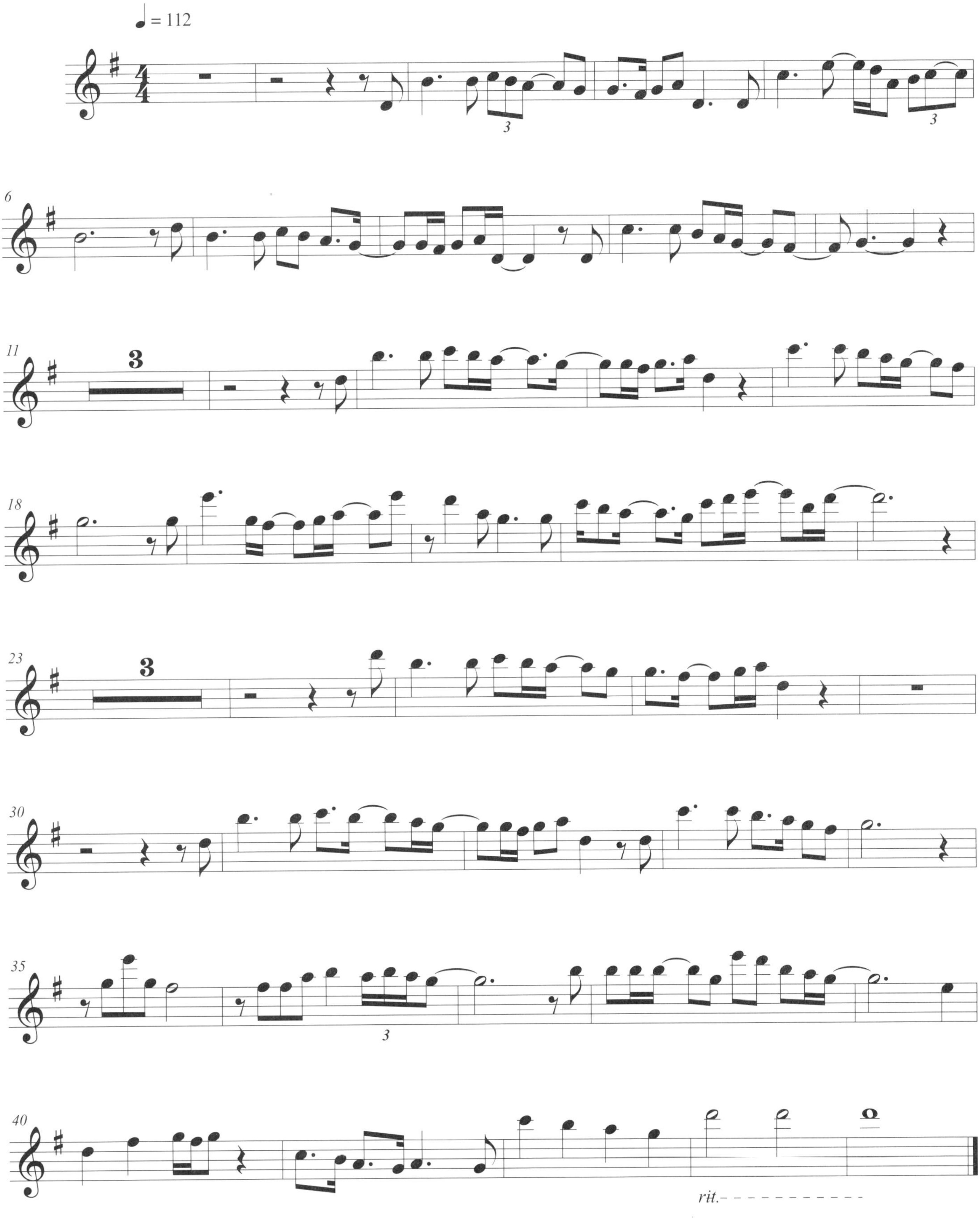

A Love Until The End Of Time

L.holdrige 작사 · 작곡
2nd–A. Sax arr. 이은용

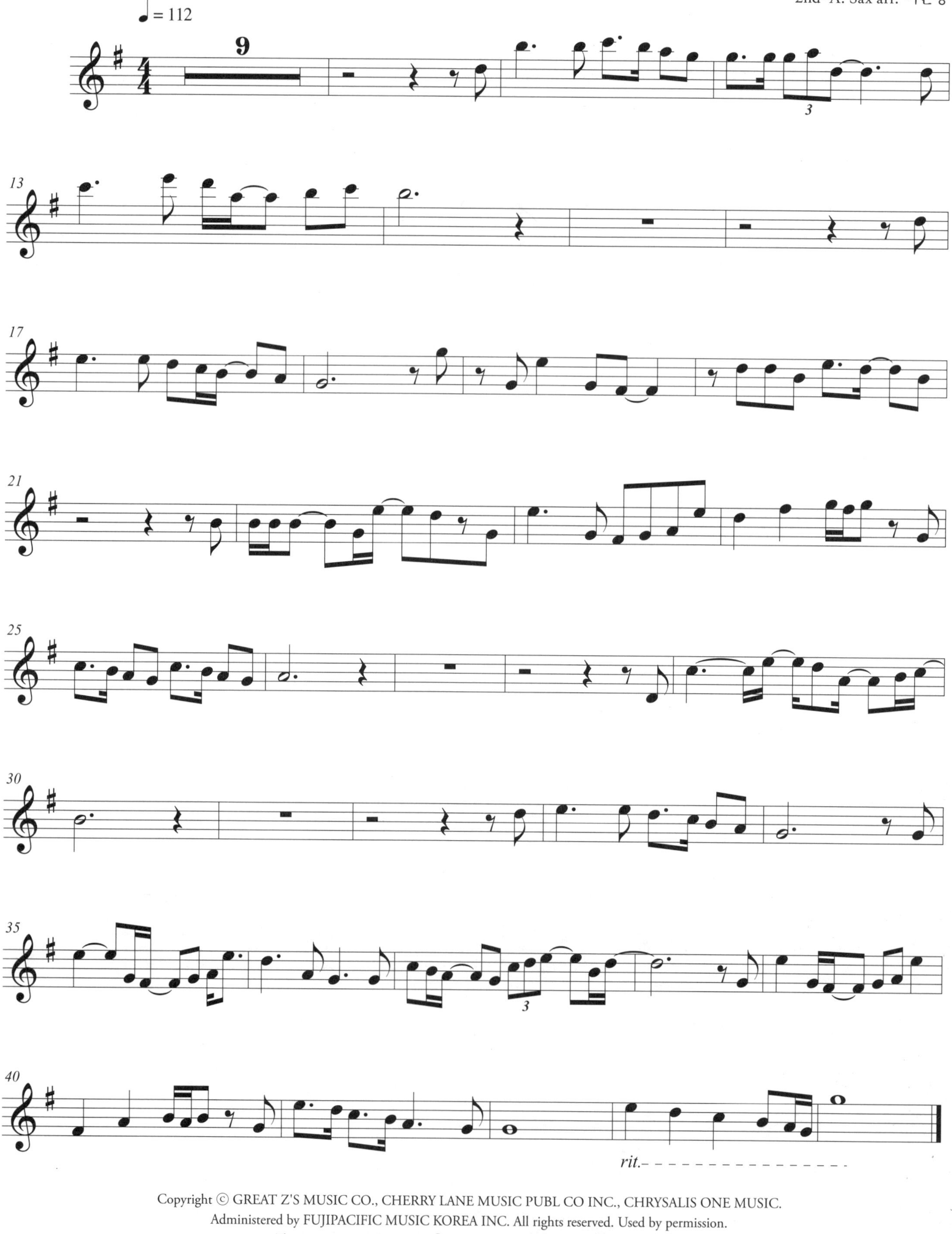

for

Saxophone

and

Piano

색소폰 축가곡집

결혼하는 날

by 이은용, 황지현

TENOR

score♪

다행이다

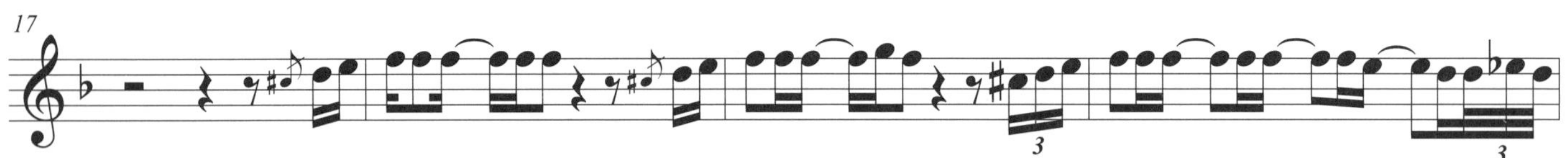

사랑합니다

김태운 작사 · SKY 작곡
T. Sax arr. 이은용

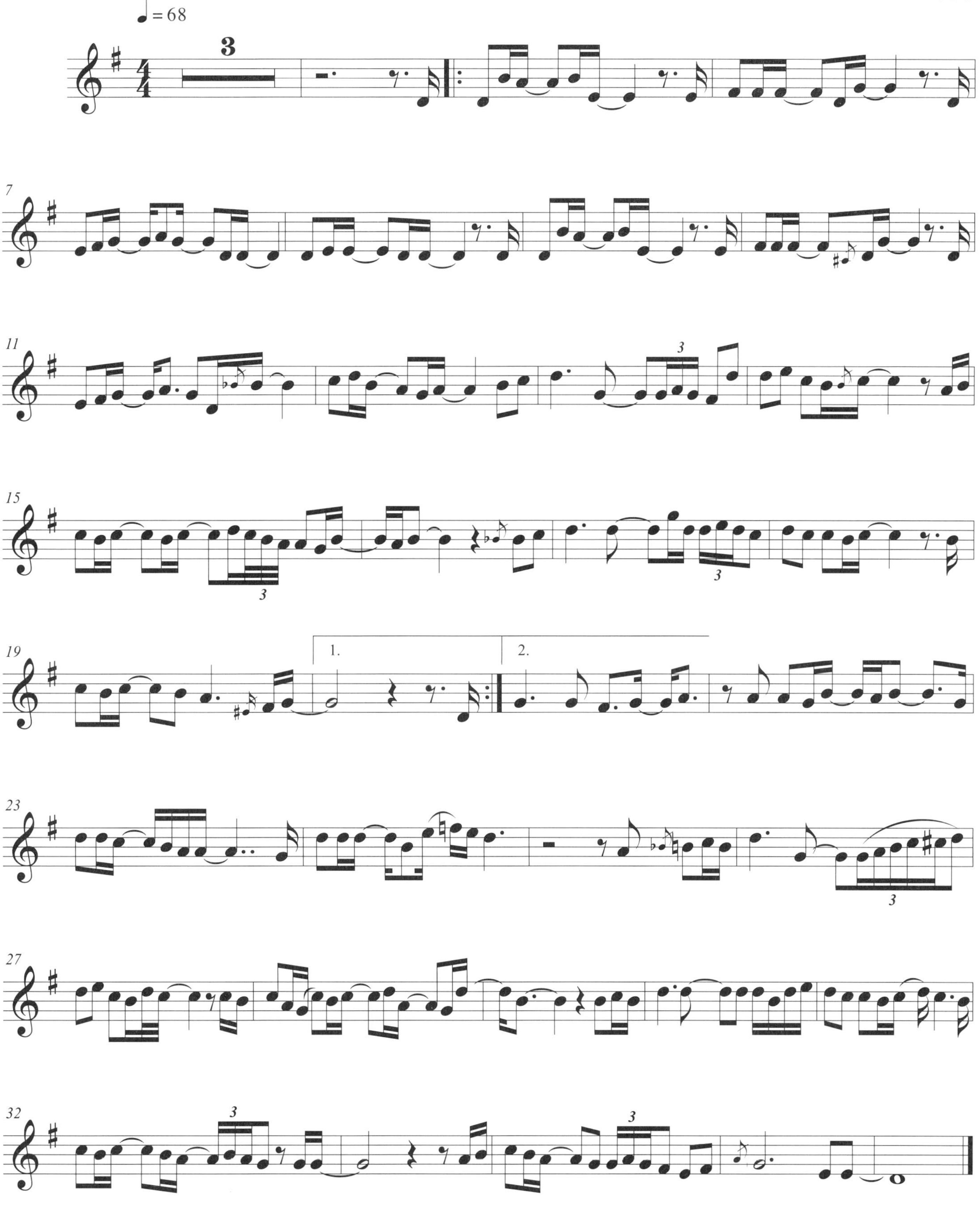

너를 사랑해

아이처럼

김동률 작사 · 작곡
T. Sax arr. 이은용

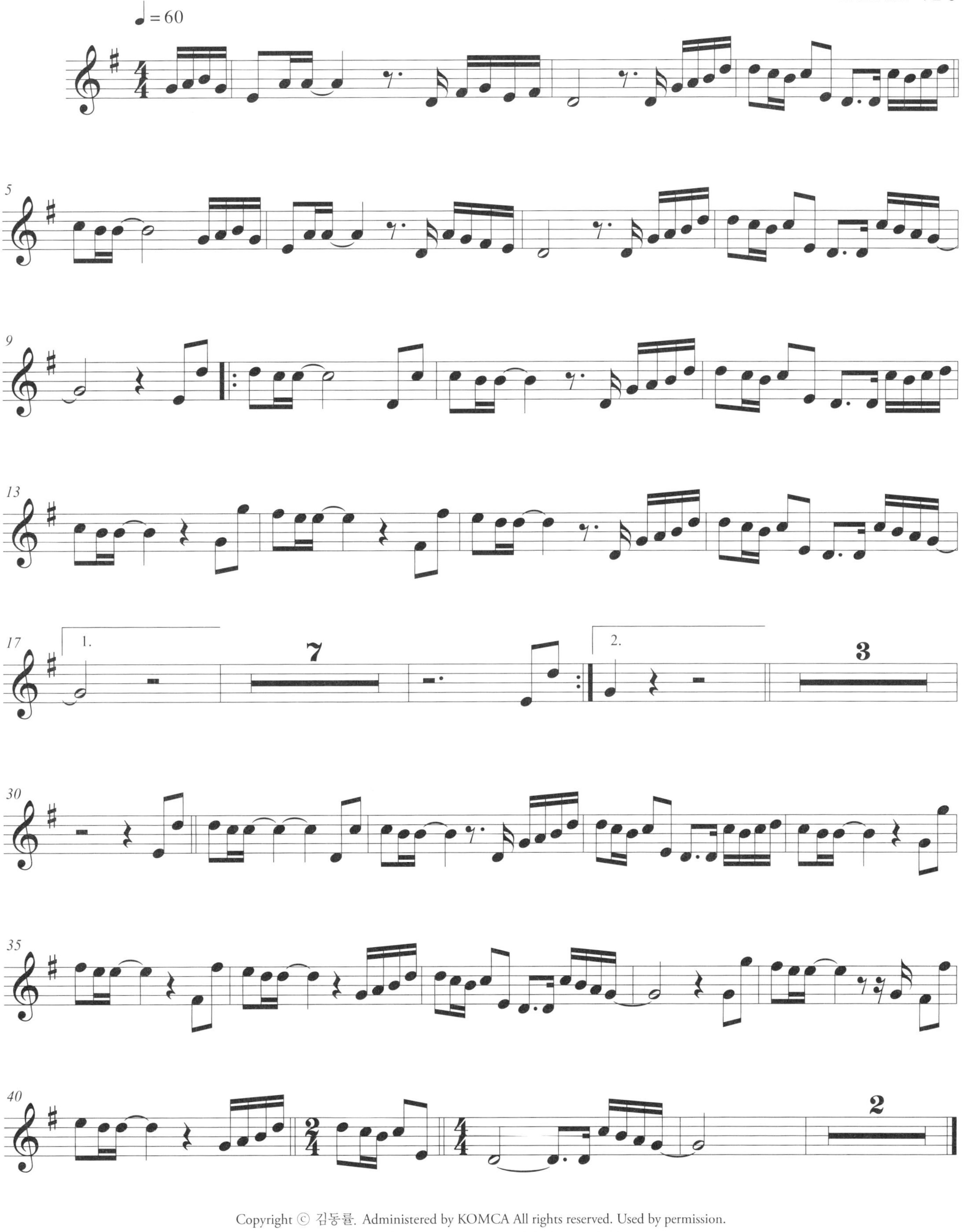

Endless Love

Richie, Lionel 작사 · 작곡
1st–T. Sax arr. 이은용

NO COPY

Endless Love

2/2
NO COPY
09

신부에게

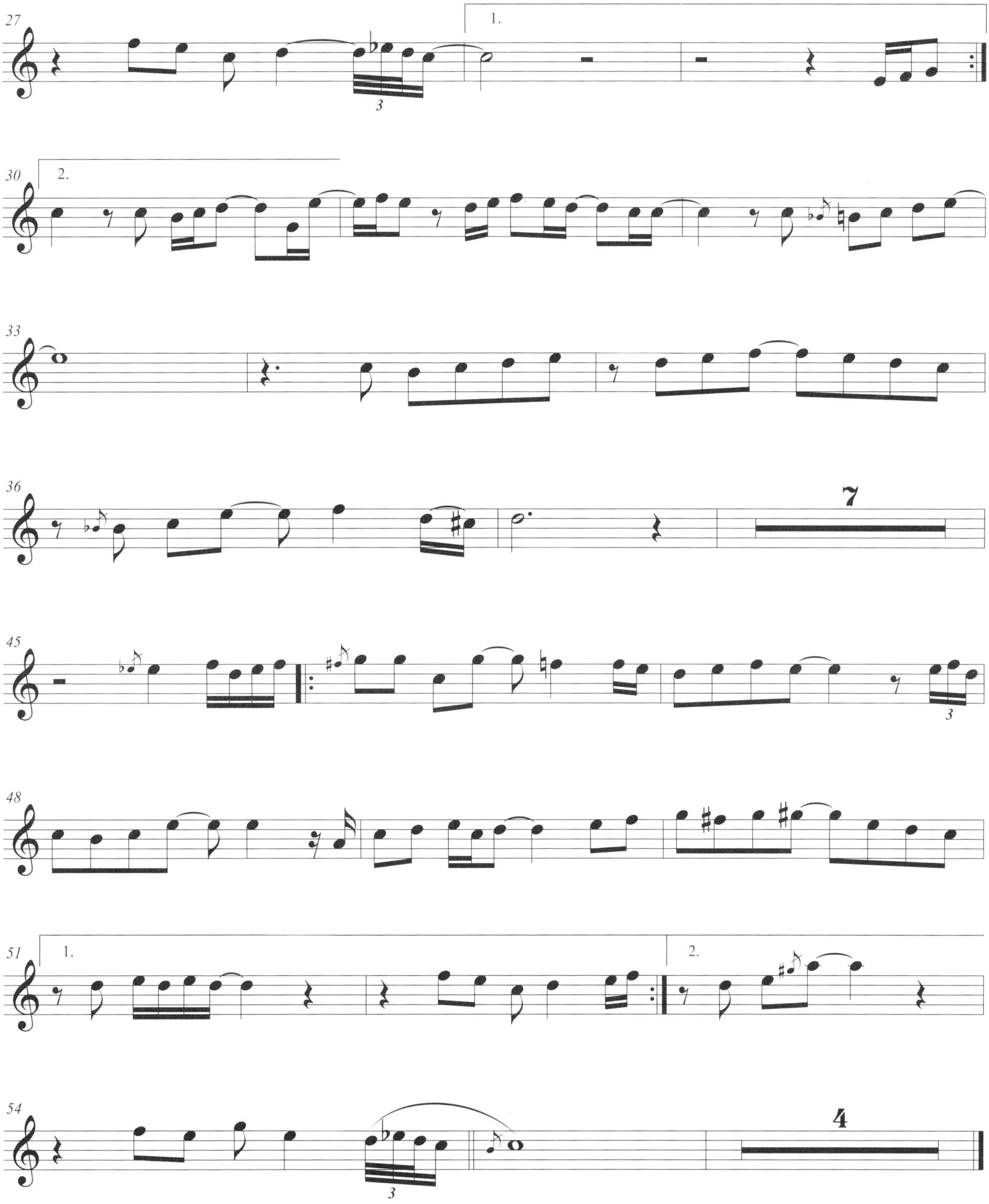

10월의 어느 멋진 날에

한경혜 작사 · L.Rolf 작곡
T. Sax arr. 이은용

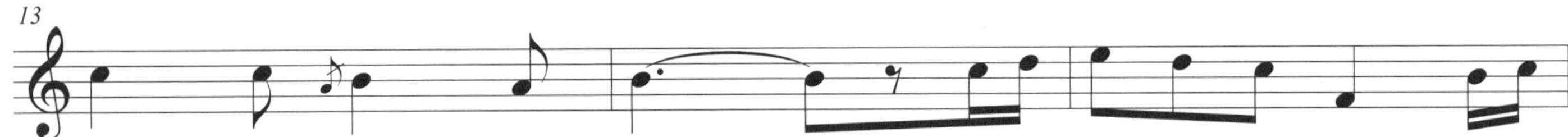

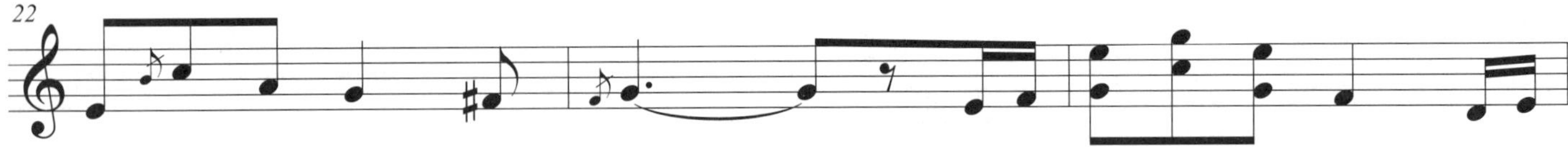

13

NO COPY CD 9

Nothing Better

안정엽 작사 · 작곡
T. Sax arr. 이은용

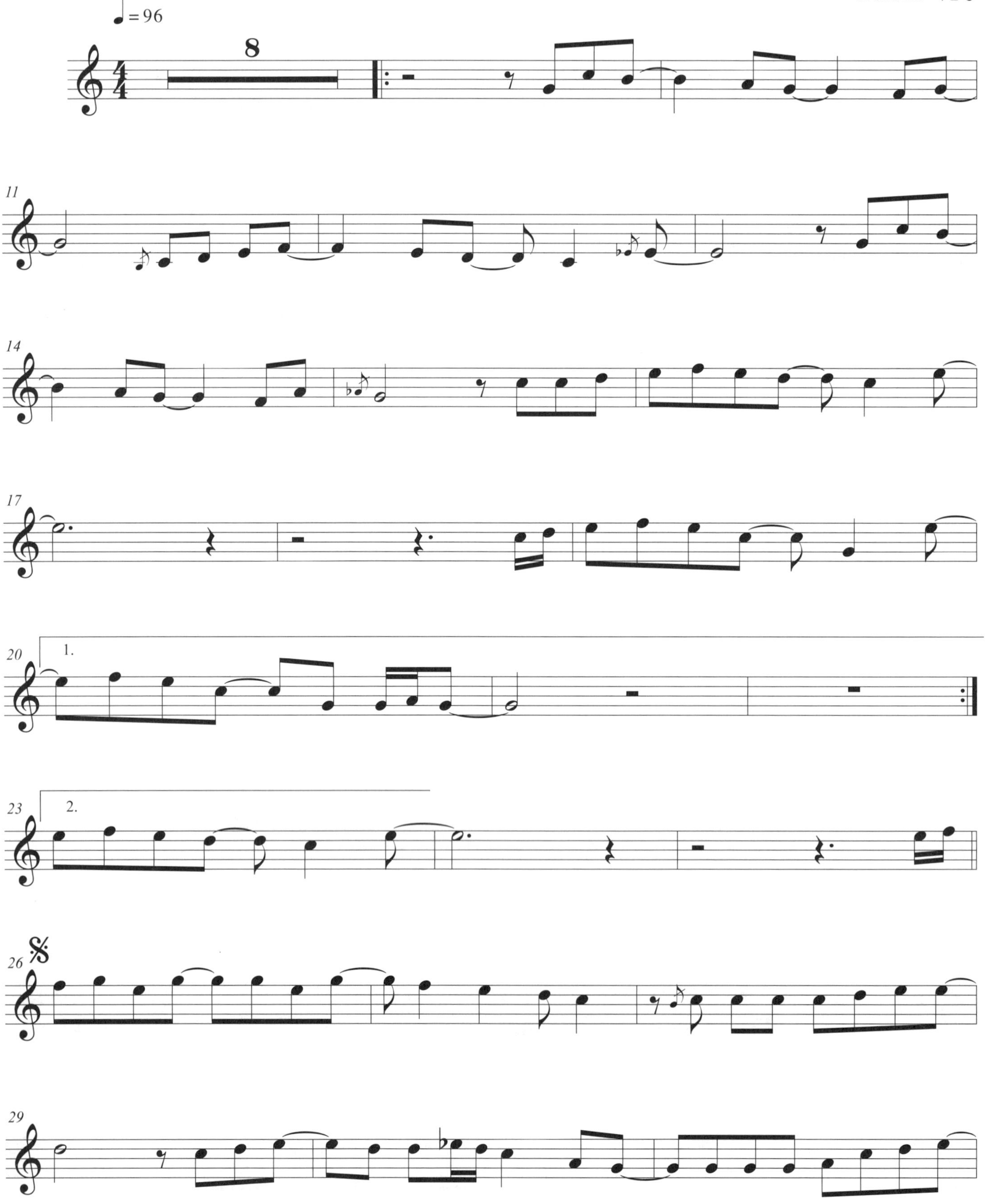

D.S. al Coda

감사

2/2
NO COPY
31
34
1.
3
40
43
2.
46
49
52
55
3
4
17

결혼해줄래?

2/2
NO COPY

지금 이 순간

Frank Wildhorn 작곡
T. Sax arr. 이은용

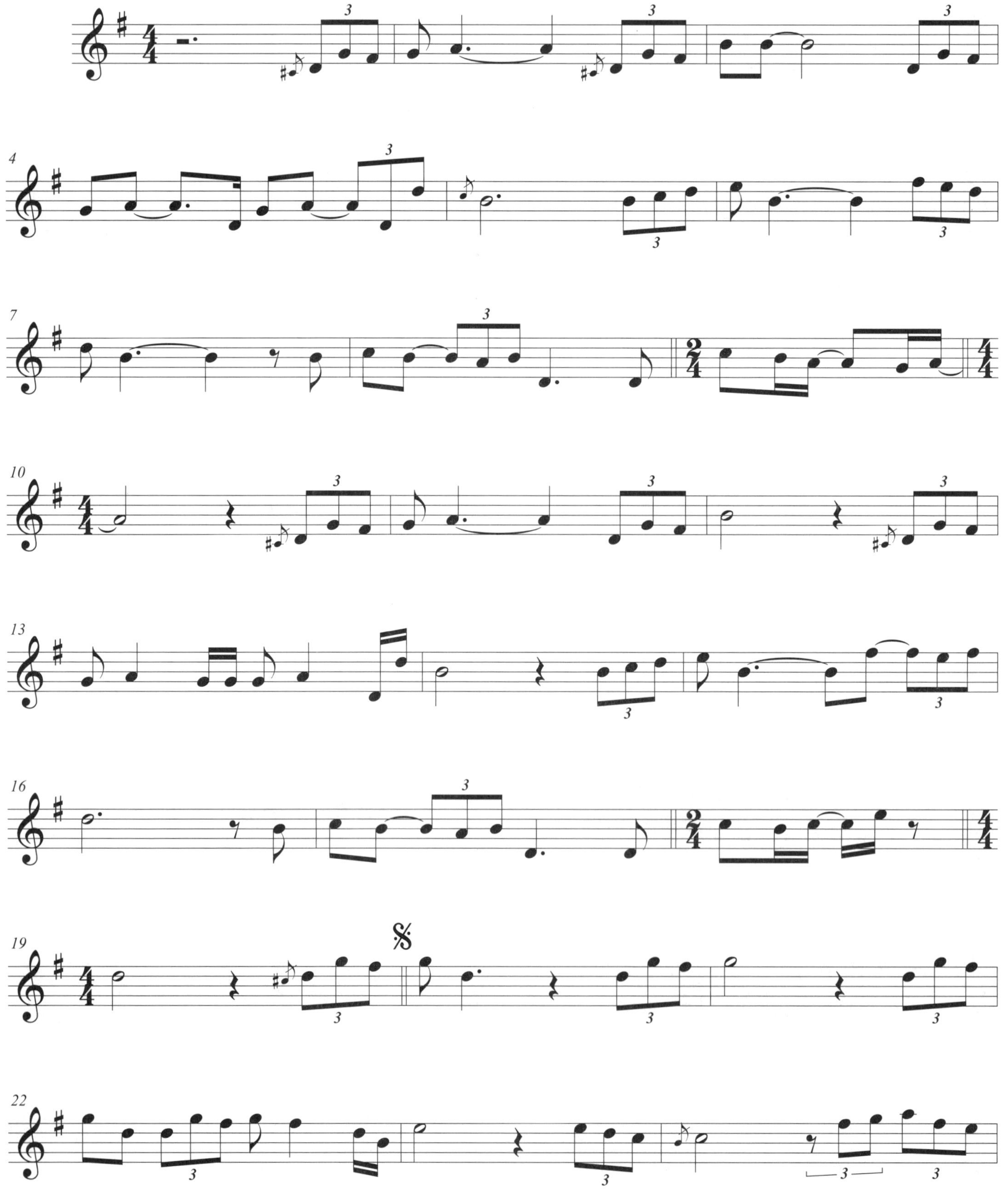

D.S. al Coda

바보에게 바보가

NO COPY

25
27
30
2
D.S. al Coda
35
37
39
41
43
4

You Raise Me Up

G.Brendan 작사 · L.Rolf 작곡
T. Sax arr. 이은용

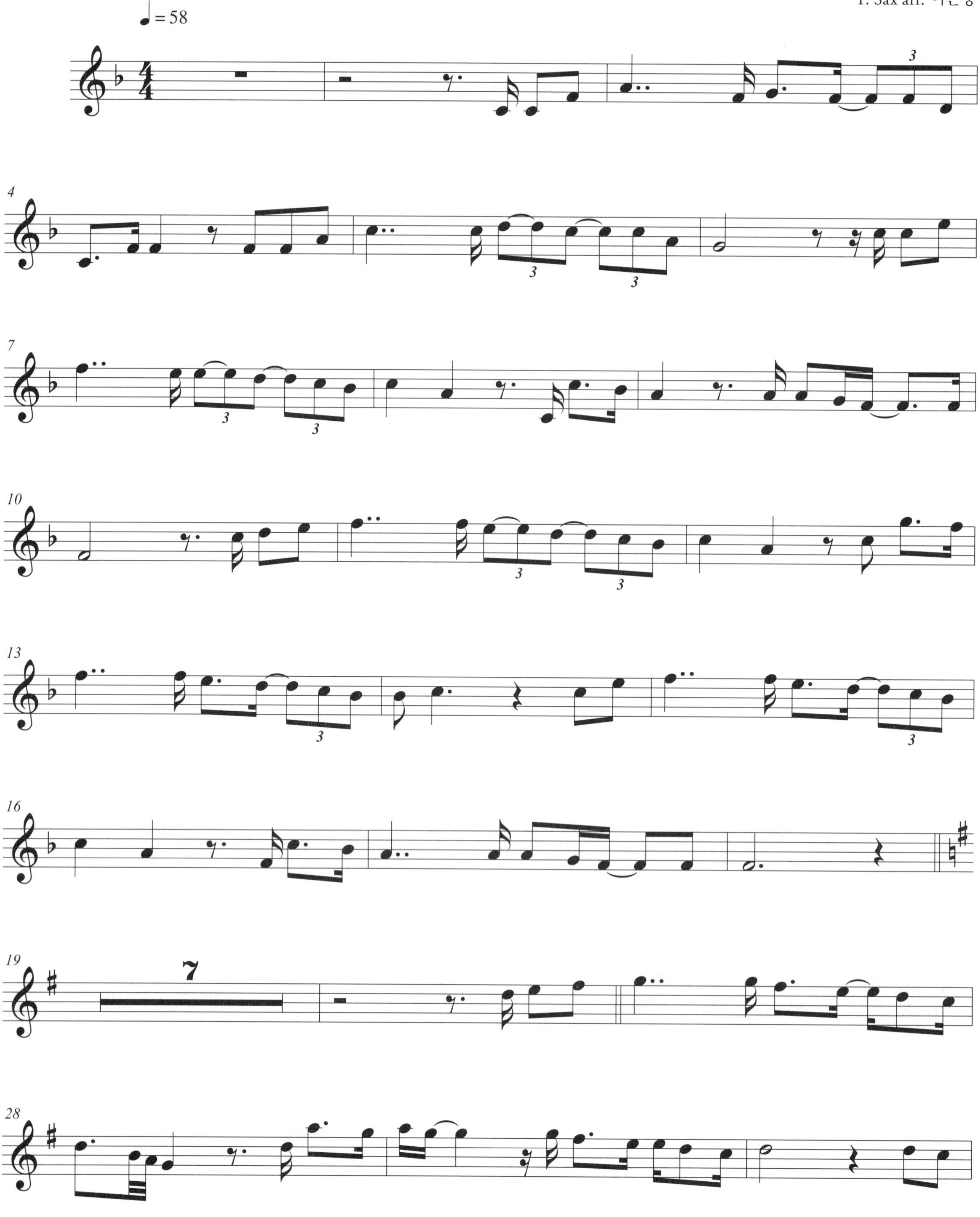

CD 15

두 사람

윤영준 작사 · 작곡
T. Sax arr. 이은용

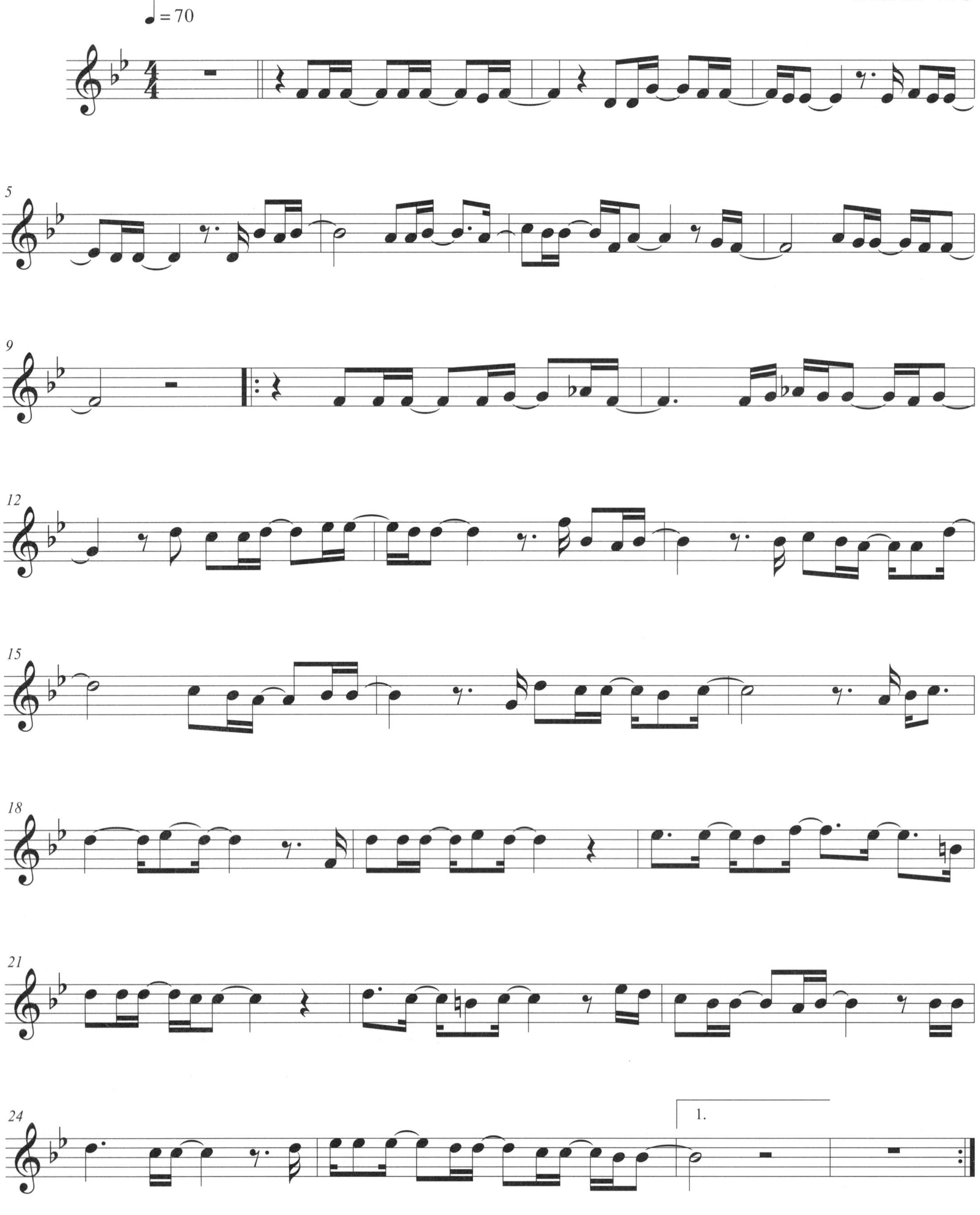

NO COPY
2/2

She

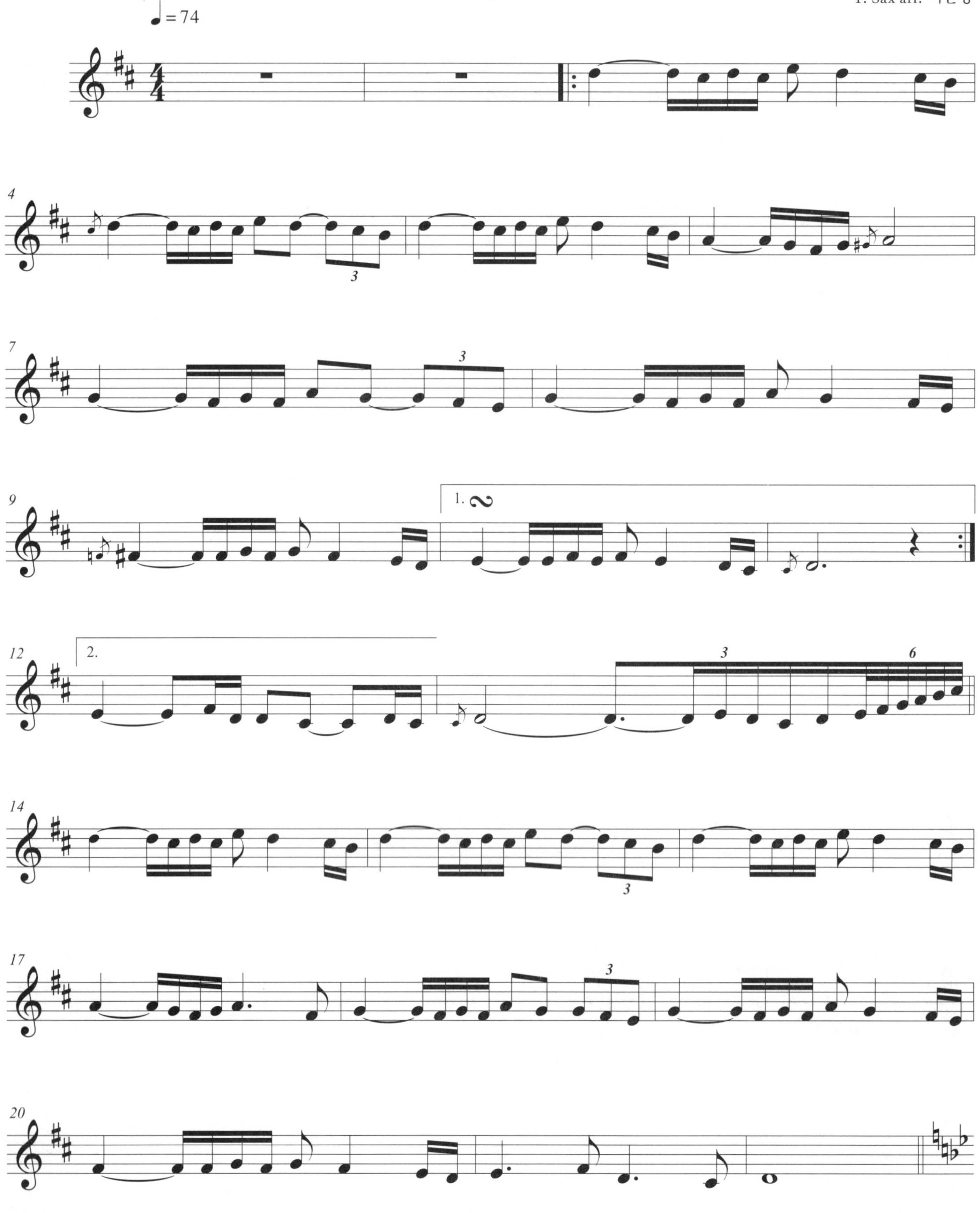

2/2
NO COPY

사랑의 서약

A Love Until The End Of Time

L.holdrige 작사 · 작곡
1st–T. Sax arr. 이은용

♩ = 112

NO COPY CD 19

A Love Until The End Of Time

L.holdrige 작사 · 작곡
2nd–T. Sax arr. 이은용

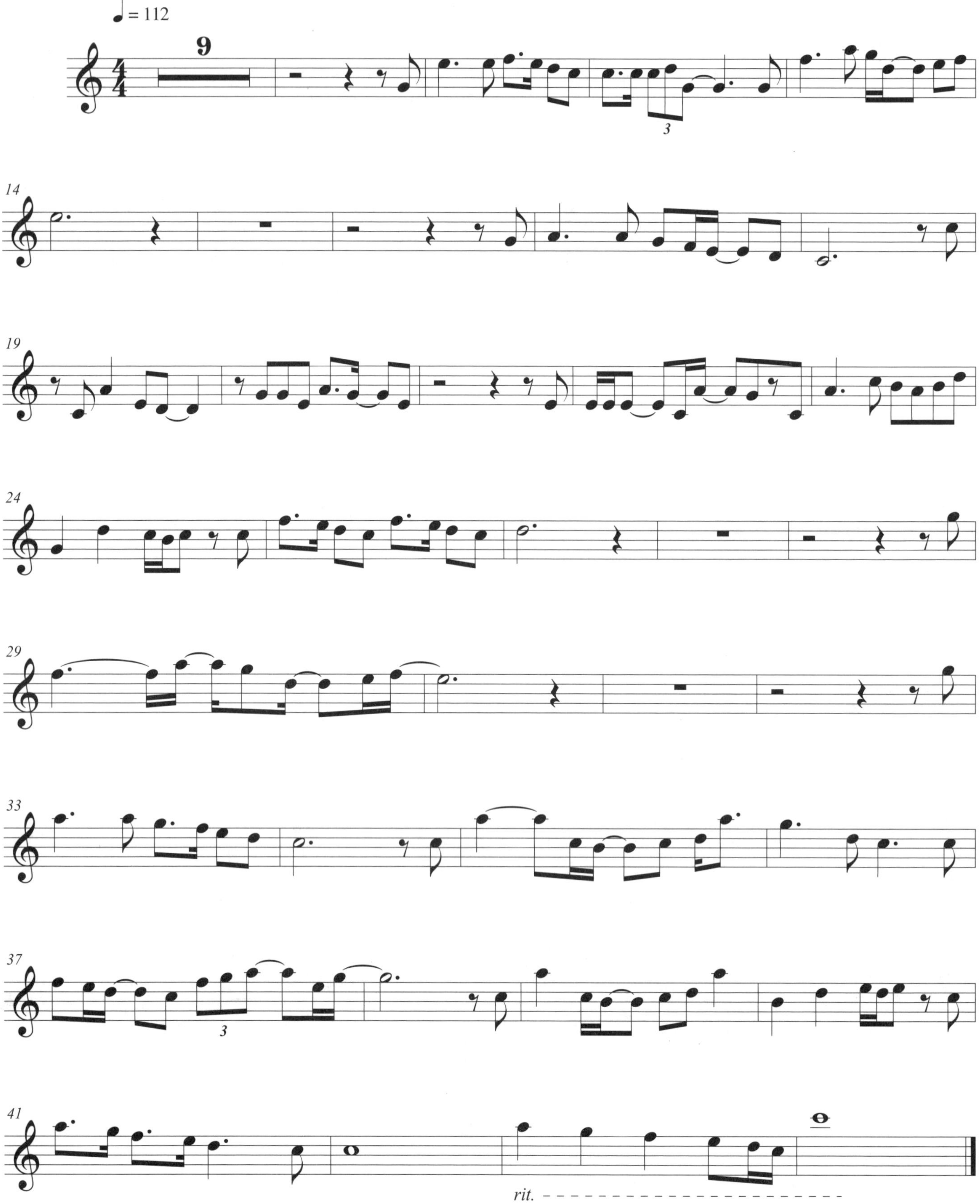

for
Saxophone
and
Piano

색소폰 축가곡집

결혼하는 날

by 이은용, 황지현

ALTO

score

CD 1

다행이다

이적 작사 · 작곡
A. Sax arr. 이은용

♩ = 70

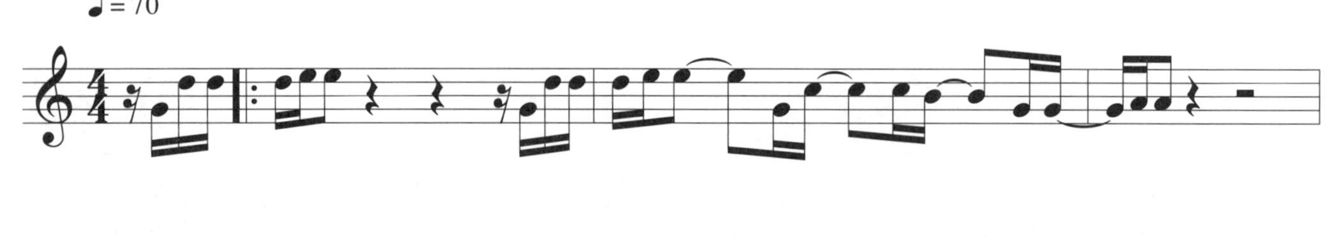

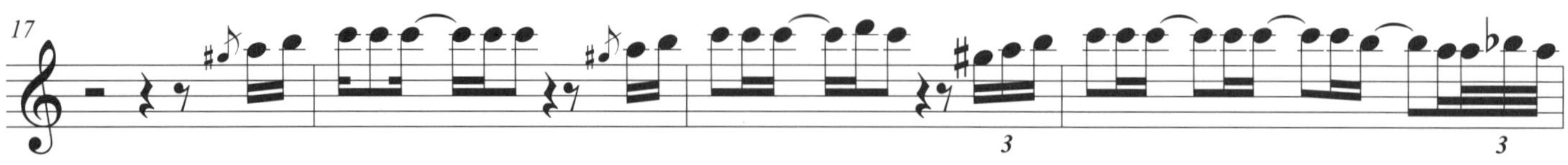

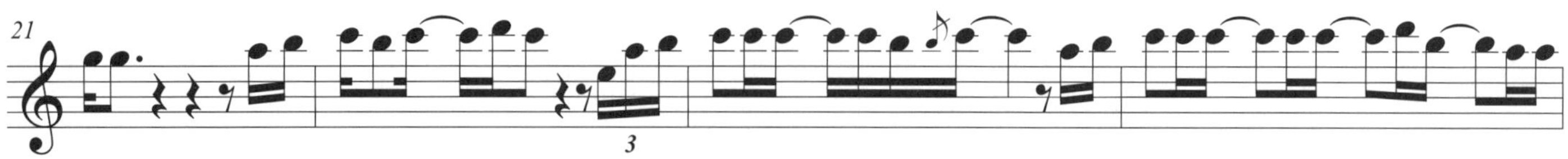

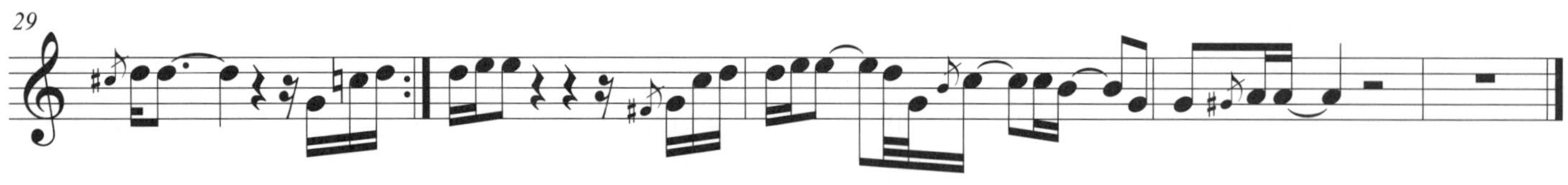

사랑합니다

김태운 작사 · SKY 작곡
A. Sax arr. 이은용

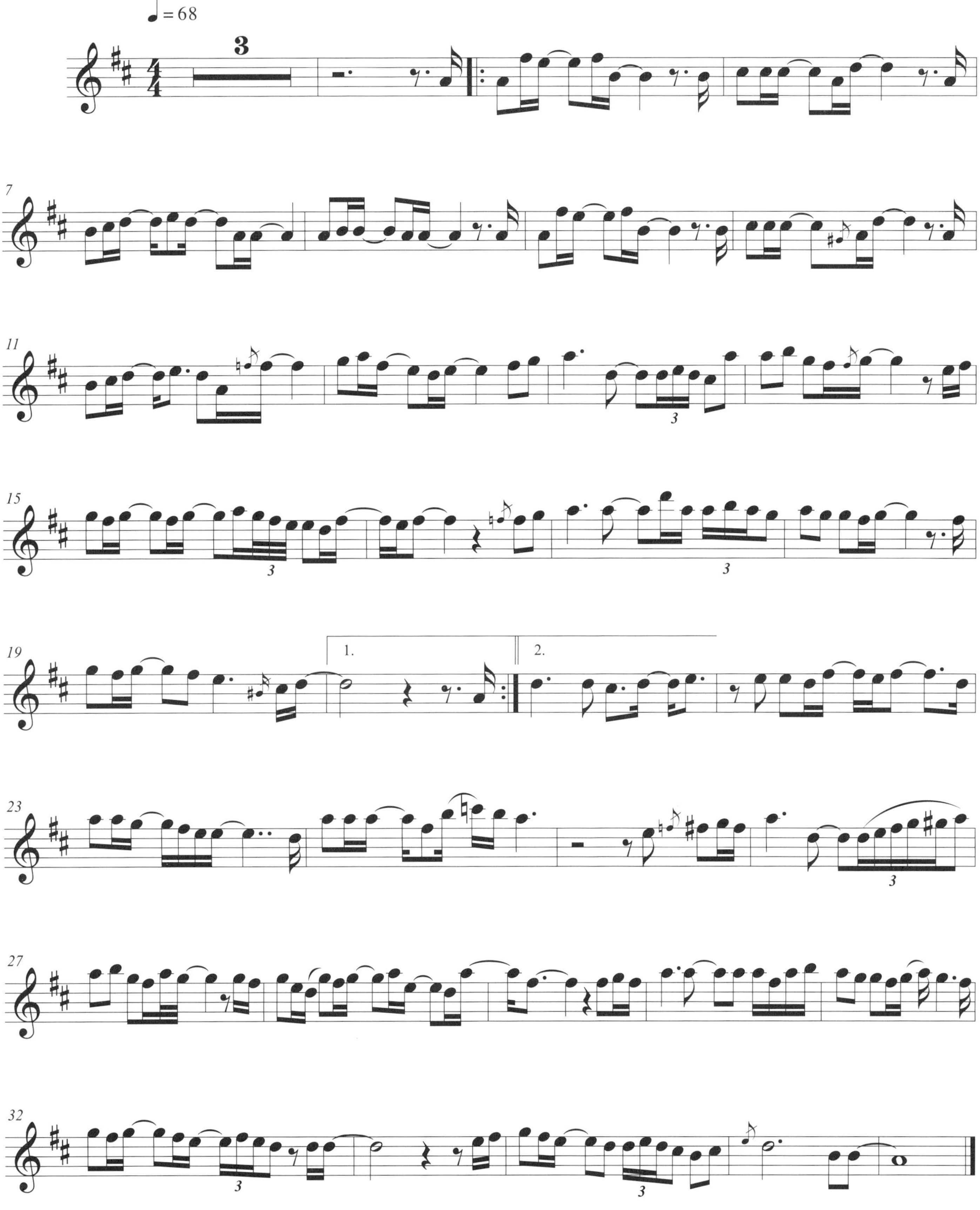

너를 사랑해

아이처럼

김동률 작사 · 작곡
A. Sax arr. 이은용

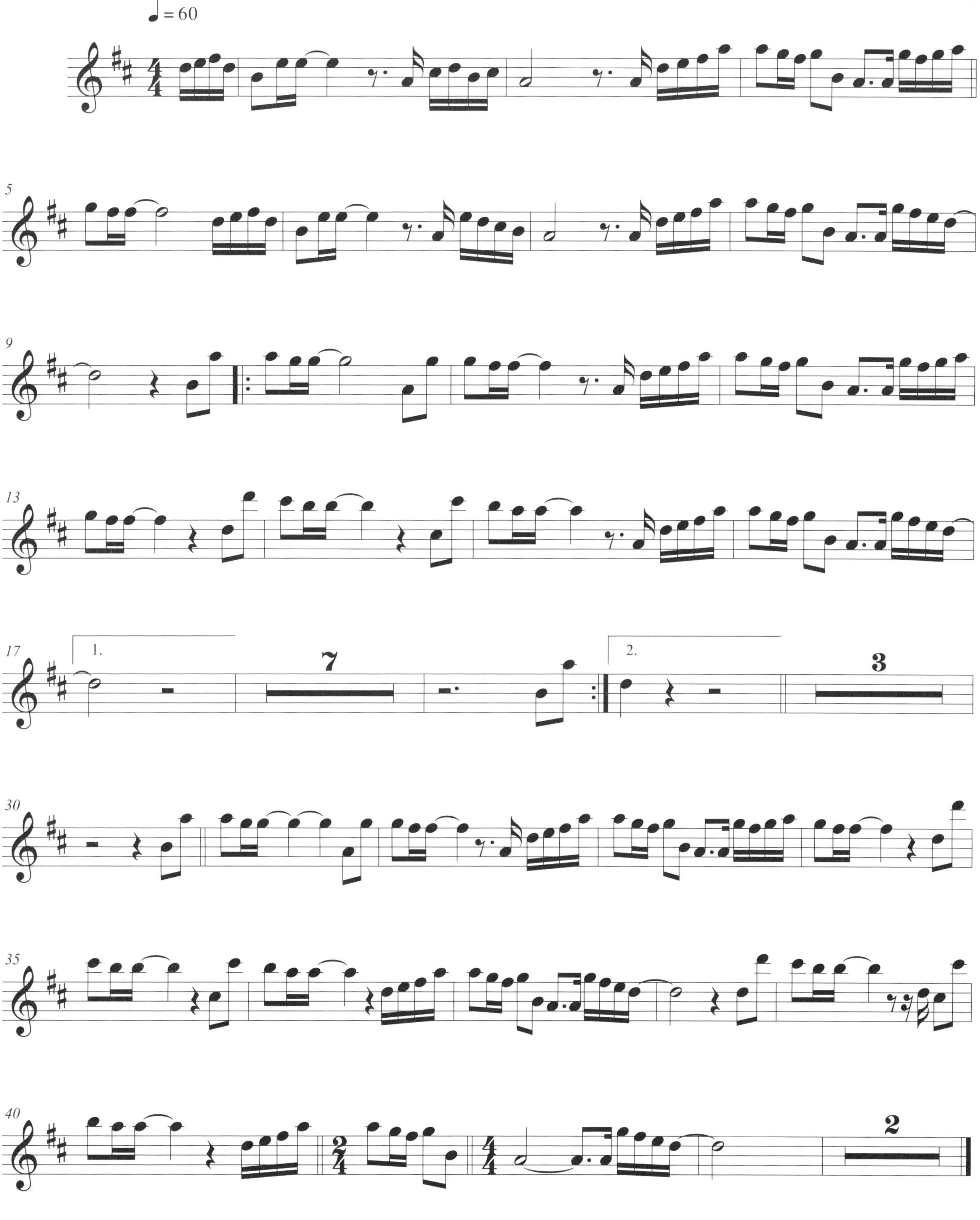

Endless Love

Richie, Lionel 작사 · 작곡
1st–A. Sax arr. 이은용

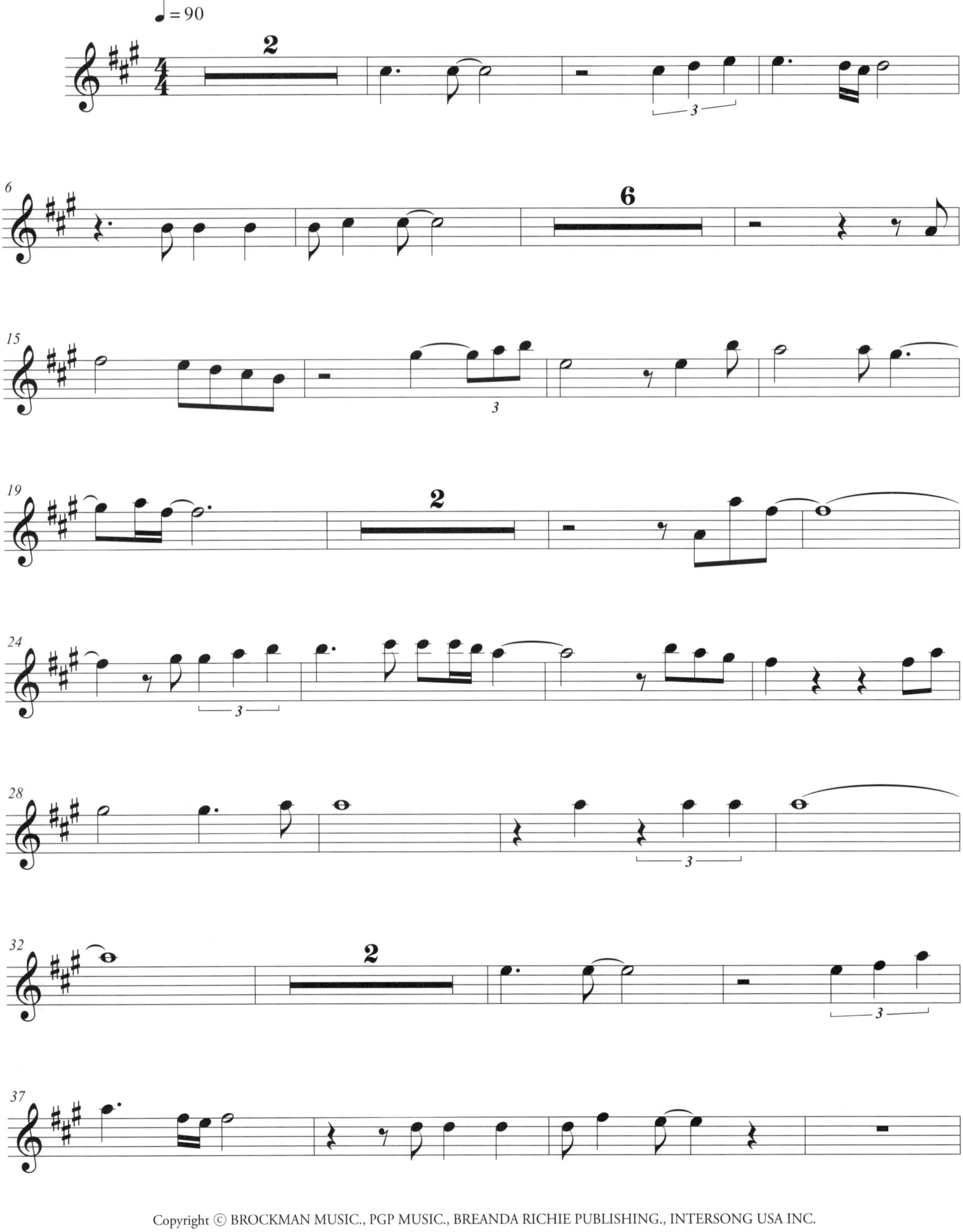

NO COPY

Endless Love

NO COPY

신부에게

이세준 작사 · 박승화 작곡
A. Sax arr. 이은용

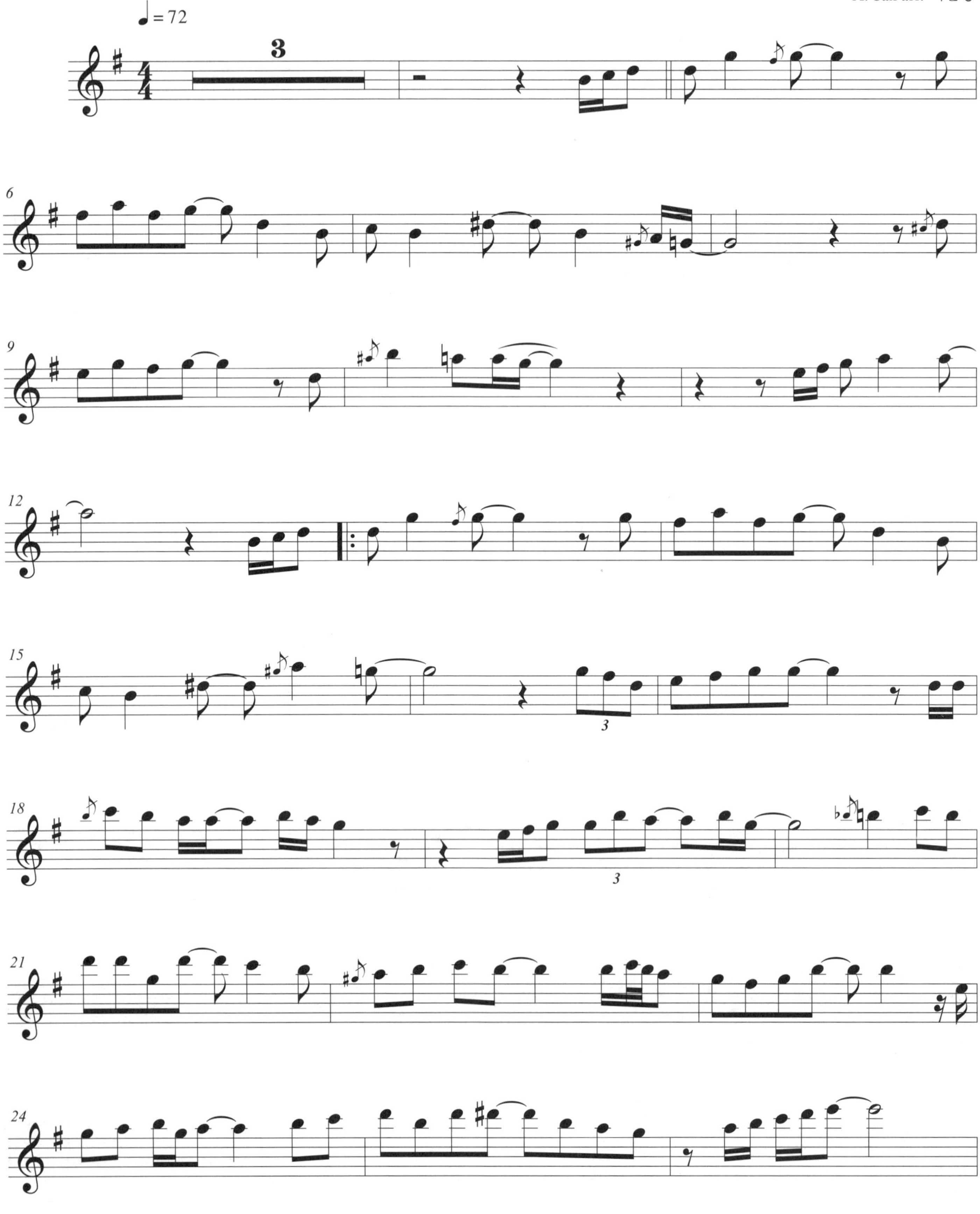

2/2
NO COPY

10월의 어느 멋진 날에

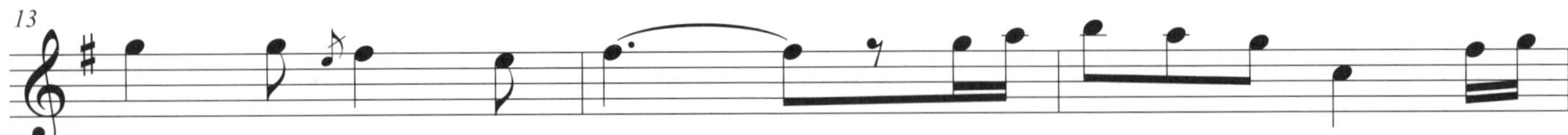

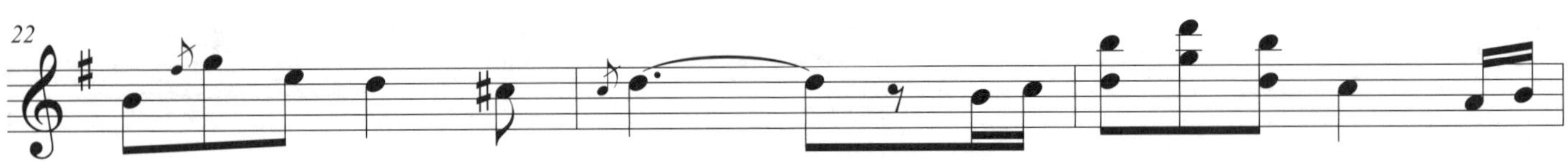